Dein neues Buch zeigt dir ganz unten auf den Seiten in grauer Schrift was du lernen sollst (Grundwissen) und wo du das Gelernte üben kannst (Übung).

Auf den Gewusst-Gekonnt Seiten findest du noch einmal zusammenfassende Übungen von den vorherigen Themen, anhand derer du noch einmal dein Wissen und Können überprüfen kannst.

Auf den METHODEN-Seiten werden in den gelben Kästen wichtige geographische/praktische Vorgehensweisen in wenigen Schritten erklärt, zum Beispiel wie man Bilder oder Grafiken auswertet.

Grundwissen / Übung   Grundwissen / Übung

Hallo, ich bin die GeoLis. Mein Bruder und ich erklären dir die Arbeitsweise des Buches.

Auf den PROJEKT-Seiten bekommst du Anregungen, wie du dein Wissen und Können gemeinsam mit deinen Klassenkameraden in der Schule anwenden kannst.

Übung   Übung

Hallo, ich bin der GeoPol. Mit meiner Schwester und mir entdeckst du auch das Arbeitsheft.

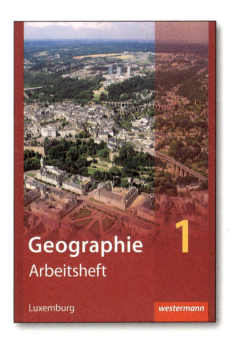

Diercke

Geographie

**Luxemburg
Band 1**

Technischer Sekundarunterricht

bearbeitet von:
Frank Bronder
Gisèle Coner
Nicole Ganser-Servé
Maryse Kass
Bénita Kayser
Jean-Luc List

In Abstimmung mit der Commission Nationale des Programmes des Sciences Sociales de l'Enseignement Secondaire Technique und dem Ministère de l'Education Nationale et de la Formation Professionnelle.

Einbandfoto: Schrägluftbild von Luxemburg (Stadt)

Auf verschiedenen Seiten dieses Buches befinden sich Verweise (Links) auf externe Internet-Adressen.
Haftungshinweis: Trotz sorgfältiger inhaltlicher Kontrolle wird die Haftung für die Inhalte der externen Seiten ausgeschlossen. Für den Inhalt dieser externen Seiten sind ausschließlich deren Betreiber verantwortlich. Sollten Sie bei dem angegebenen Inhalt des Anbieters dieser Seite auf kostenpflichtige, illegale oder anstößige Inhalte treffen, so bedauern wir dies ausdrücklich und bitten Sie, uns umgehend per E-Mail unter www.westermann.de davon in Kenntnis zu setzen, damit beim Nachdruck der Verweis gelöscht wird.

© 2012 Bildungshaus Schulbuchverlage
Westermann Schroedel Diesterweg Schöningh Winklers GmbH, Braunschweig
www.westermann.de

Das Werk und seine Teile sind urheberrechtlich geschützt. Jede Nutzung in anderen als den gesetzlich zugelassenen Fällen bedarf der vorherigen schriftlichen Einwilligung des Verlages.
Hinweis zu § 52a UrhG: Weder das Werk noch seine Teile dürfen ohne eine solche Einwilligung gescannt und in ein Netzwerk eingestellt werden. Das gilt auch für Intranets von Schulen und sonstigen Bildungseinrichtungen.

Druck A^2 / Jahr 2013
Alle Drucke der Serie A sind im Unterricht parallel verwendbar.

Lektorat: Thomas Eck
Umschlaggestaltung: Thomas Schröder
Layout & Herstellung: Lektoratsbüro Eck, Berlin
Druck und Bindung: westermann druck GmbH, Braunschweig

ISBN 978-3-14-**100180**-8

Inhaltsverzeichnis

Grundkurs 6

Geographie – Wir entdecken die Welt 8
Geographie – was ist das? 10
Geographie – verschiedene Räume im Blick 12
Geographie – Das Fach zum 14
METHODE: Dein Geographieordner 15
Die Orientierung – ein wichtiger Werkzeugkasten
der Geographie 16
Norden, Süden, Osten, Westen – Bestimmung der
Himmelsrichtungen 18
Von oben betrachtet: Schrägluftbild – Senkrechtluftbild –
Stadtplan 20
Der Maßstab 22
Der Atlas 24
METHODE: Bilder beschreiben und auswerten 26
Die physische Karte 28
Gewusst – Gekonnt 30

Planet Erde 32

Die Erde – ein Bruchteil unserer Galaxis 34
Das Weltbild im Wandel 36
PROJEKT: Das Sonnensystem auf dem Schulhof 38
METHODE: Material sammeln und Plakat vorstellen 39
Abbildungen der Erde 40
PROJEKT: Vom Globus zur Karte 41
Kontinente und Ozeane 42
Orientierung mithilfe des Gradnetzes 44
Genaue Lagebeschreibung 46
PROJEKT: Geocaching 46
PROJEKT: Eine virtuelle Weltreise 48
Gewusst – Gekonnt 50

3

PROJEKT: Eine Weltkarte zeichnen 52

Die Bewegungen der Erde und ihre Folgen 54

Die Bewegungen des Mondes und die Folgen.............................. 58

Gewusst – Gekonnt 60

Wetter und Klima 62

Wetter- und Klimarekorde der Erde 64

Bausteine des Wetters 66

Die Lufttemperatur 68

Niederschlag und Bewölkung 70

Der Luftdruck 72

Der Wind 74

PROJEKT: Wettermessungen in der Schule 76

PROJEKT: Besuch einer Wetterstation 77

Das Klimadiagramm... 78

METHODE: Klimadiagramme zeichnen 79

METHODE: Ein Klimadiagramm lesen und auswerten 80

Gewusst – Gekonnt 81

Europa 82

Der Kontinent Europa 84

Klimazonen und Vegetationszonen in Europa 86

Die Völker Europas 88

Die Europäische Union 90

METHODE: Eine thematische Karte zeichnen 92

Wirtschaften und Leben in Europa.. 94

Wirtschaft und Wirtschaftssektoren 96

Im Nadelwald Nordeuropas 98

Energieversorgung durch Braunkohle 100

Intensive Landwirtschaft.. 104

Die Landwirtschaft verändert sich 106

PROJEKT: Wir erkunden einen Bauernhof.................................... 107

Öko-Landwirtschaft – was bedeutet das? 108

Airbus – Teamwork in Europa 110
METHODE: Eine Tabelle auswerten 112
METHODE: Ein Diagramm auswerten 113
Lebensraum Stadt 114
Im Umland einer Großstadt 116
Lebensraum Dorf – gestern und heute 118

Tourismus und Verkehr in Europa **120**

Tourismus in Europa... 122
Tourismus auf Mallorca 124
Tourismus in den Alpen 126
Der Eurotunnel 130
Häfen – Basis für Handel und Wohlstand Europas 132
METHODE: Ein Rollenspiel durchführen 134
METHODE: Eine Karikatur auswerten 135
METHODE: Referate halten 136
METHODE: Präsentationen erstellen 137

Anhang **138**
Klimatabellen 138
Grundbegriffe 140
Bildquellenverzeichnis 144

Geographie – Wir entdecken die Welt

Grundkurs

M1 *Der Napoleonsgaart, Norden Luxemburgs*

M2 *Strand von Benidorm, Spanien*

M3 *Cook Peak Gebirge, Neuseeland*

M4 *Manhattan in New York, USA*

M5 *In der Sahara, Algerien*

❶ Schärfe deinen Blick! Beschreibe, was du auf den Fotos erkennst.

M6 *Reisanbau auf Bali, Indonesien*

M7 *Ätna-Ausbruch, Italien*

M8 *In der Arktis, Grönland*

M9 *Ritueller Tanz, Äthiopien*

M10 *Tropischer Regenwald, Brasilien*

M11 *Schwimmender Markt, Thailand*

Grundkurs

Geographie – was ist das?

Die **Geographie** ist wie alle Wissenschaften etwas für Neugierige. Auf der Erde gibt es Gebirge, Täler, Wüsten, Flüsse, Meere, Länder, Dörfer und Städte. Hinzu kommen Felder und Wälder, Fabriken sowie viele verschiedene Völker. All das untersucht die Geographie. Du lernst in diesem Fach, wo die genannten Dinge liegen, wie sie aussehen und warum sie so aussehen.

Dein neues Fach Geographie ist wie ein Schrank mit vielen Schubladen (M1). Es gibt eine große Schublade mit gelben Schildern. In ihr befinden sich die Gebiete, über die du etwas in der Geographie lernen wirst. Dazu gehört als Erstes dein Land. Du wirst aber auch fremde Länder kennenlernen.

In den Schubladen mit den grünen Schildern findest du alles, was die Natur betrifft (**physische Geographie**). So findest du zum Beispiel in der Schublade „Pflanzen" die Erklärung, warum der Wald in Luxemburg anders aussieht als in Afrika. Die Schublade „Oberflächenformen" beschreibt dir zum Beispiel Berge oder Täler.

Der Schrank hat aber auch noch rote Schubladen (**Humangeographie**). Hier erforscht die Geographie, wie die Menschen in verschiedenen Gebieten der Erde leben. Zum Beispiel findest du Erklärungen, warum Gustavo aus Brasilien jeden Tag auf einer Müllhalde Abfälle sammeln muss oder du erfährst, warum viele Kleidungsstücke, die du trägst, aus Asien kommen.

Die Geographie hilft dir, viele Fragen, die mit dem Leben auf der Erde zu tun haben, zu beantworten. Damit du die verschiedenen Schubladen untersuchen kannst, brauchst du die richtigen „Werkzeuge". Du wirst deshalb lernen, mit Karten, Bildern, dem Internet und anderen Materialien zu arbeiten. Dabei lernst du auch, wie du dich selbstständig über fremde Räume informieren kannst.

> **INFO Geographie**
>
> Unser neues Fach heißt Geographie. Das Wort Geographie kommt aus dem Griechischen:
> geo(s): Erde; graphein: beschreiben.
> Die Geographie beschäftigt sich mit der Erde und erklärt, wie diese von der Natur und von den Menschen gestaltet wird.

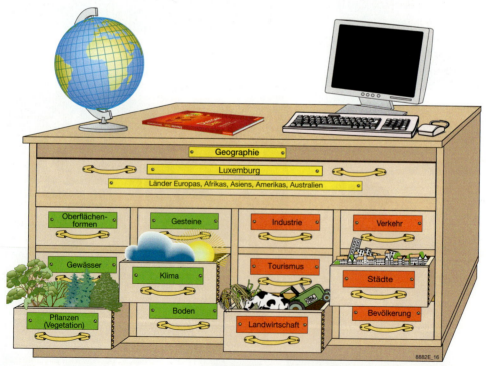

M1 *Geographie – ein Schrank mit vielen Schubladen.*

M2 *Teil der Stadt Luxemburg*

M4 *Lage der Stadt Luxemburg*

❶ M2 zeigt Informationen aus mehreren Schubladen (= Teilbereiche) der Geographie. Lege eine Tabelle in deinem Heft an:

Foto	Teilbereich der Geographie
Häuser	Stadt
Straße	Verkehr
Wald	…

❷ Zu welchen Teilbereichen der Geographie gehören deiner Meinung nach die einzelnen Fotos auf S. 8/9?

❸ Überlege, wo dir im Alltag das Fach Geographie begegnet. Lege eine Tabelle nach dem vorgegebenen Muster an:

Tätigkeiten	Bereich der Geographie (M1)
frühstücken	Landwirtschaft
Bus fahren	Verkehr
…	…

(M3) und du erfährst den Namen von einem der ersten Geographen bei den alten Griechen, der vor mehr als 2 200 Jahren lebte.

❹ Bestimmt kennst du schon eine Reihe Wörter, die etwas mit Geographie zu tun haben. Löse damit das Rätsel

Alle Menschen wohnen auf ihr
Ein sehr zerstörender Wirbelwind
Das läuft aus einem Vulkan
Er ist der größte Planet unseres Sonnensystems
Auf diesem Luxemburger Fluss fahren große Schiffe
Dicke Eismassen im Gebirge
Die Grenze zwischen Meer und Land
Das Land mit den meisten Einwohnern
Naturkatastrophe
Sie gibt es in der Wüste
So nennen viele den undurchdringlichen Wald in Afrika
… und Schnee

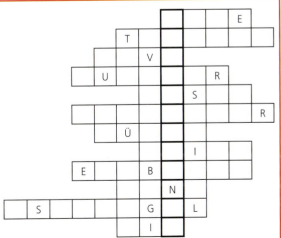

M3 *Kreuzworträtsel*

Grundwissen/Übung

Geographie – verschiedene Räume im Blick

Im Geographieunterricht wirst du unterschiedlich großen Ausschnitten der Erde begegnen. Damit du dir eine Vorstellung von den Flächen und Entfernungen machen kannst, siehst du hier die Lage Europas und Luxemburgs mit seiner Hauptstadt in verschiedenen Ausschnitten.

Augen-Blick Nr. 1

Wir schauen auf die Erde. Ein **Kontinent** ist gelb gezeichnet. Es ist unser Kontinent Europa.

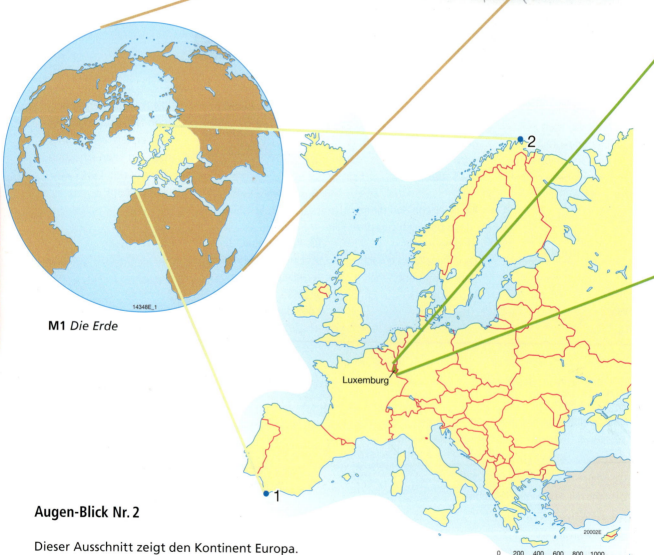

M1 *Die Erde*

M2 *Kontinent Europa*

Augen-Blick Nr. 2

Dieser Ausschnitt zeigt den Kontinent Europa. Die roten Linien sind die Grenzen der einzelnen Länder (= **Staaten**). Das grün gezeichnete Land ist Luxemburg.

Grundkurs

12 Grundwissen

M3 *Das Großherzogtum Luxemburg*

M4 *Stadt Luxemburg*

Augen-Blick Nr. 3

Hier siehst du jetzt eine Karte vom **Großherzogtum** Luxemburg. In blau sind die Flüsse eingezeichnet. Die schwarzen Punkte sind Städte. Die rote Fläche ist das Gemeindegebiet der Stadt Luxemburg.

Augen-Blick Nr. 4

Hier siehst du zum Schluss das Gebiet der **Gemeinde** der Stadt Luxemburg. Außerhalb des Stadtzentrums erstreckt sich die Gemeinde Luxemburg zum Beispiel von Beggen bis Bonnevoie.

Grundwissen/Übung

❶ Miss in M2 die Ausdehnung von Europa mit dem Lineal von Punkt 1 bis Punkt 2.
1 cm auf der Karte entspricht dabei etwa 371 km im Gelände. Berechne, wie groß die Ausdehnung tatsächlich ist.

❷ Miss in M3 mit dem Lineal die Strecke von Punkt 1 zu Punkt 2 und berechne dann die Nord-Süd-Ausdehnung Luxemburgs.
1 cm auf der Karte entspricht 7,7 km im Gelände.

❸ Welche Distanz kannst du zwischen Punkt 1 und Punkt 2 auf M4 bestimmen?
1 cm auf der Karte entspricht 1,5 km im Gelände.

Geographie – Das Fach zum …

… Zeichnen, Kurven auswerten, Bilder beschreiben, Karten lesen usw. Du wirst im Laufe deines Geographieunterrichtes viele Arbeitsmittel und deren Anwendung kennenlernen. Ohne Übung geht das nicht. Schau mal in M1, was du im Geographieunterricht alles machen kannst.

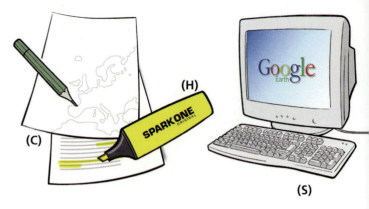
(H) (C) (S)

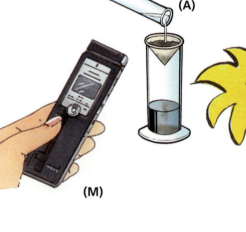
(I) (A) (M)

Im Geographieunterricht lernst du Arbeitsweisen des Faches kennen und übst, sie anzuwenden.

(H)

(W)

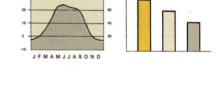
(C)

(A)

M1 *Arbeitsmittel und Arbeitsweisen im Geographieunterricht (Auswahl)*

❶ Die einzelnen Bilder in M1 haben Buchstaben.
Ordne diese Buchstaben den folgenden geographischen Arbeitsweisen richtig zu.

Von oben nach unten gelesen, erhältst du einen Lösungssatz.
(I) Bilder auswerten
( ) Kartenskizzen zeichnen
( ) Texte markieren und auswerten

( ) Interviews durchführen
( ) Experimente durchführen
( ) Diagramme zeichnen
( ) Filme auswerten

( ) Flächen, Räume ausmessen
( ) Atlas und Lexikon benutzen
( ) sich im Internet Informieren

M2 *Inhaltsverzeichnis (Auszug)*

M3 *Deckblatt zu einem Unterrichtsthema*

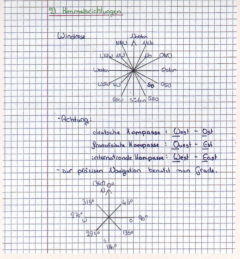

M4 *Eine Seite aus GeoPols Geographieordner*

Dein Geographieordner

In deinem neuen Fach Geographie sollst du Notizen zu den behandelten Themen aufschreiben. Auch verschiedene Arbeitsblätter, Arbeitsergebnisse und Aufgaben gehören hinein.
Dazu benutzt du am besten einen DIN-A4 Ordner.

Er dient zum Wiederholen und Üben, zum Beispiel für Lernkontrollen, oder zum Nachschlagen von Informationen, zum Beispiel bei Gruppenarbeiten oder Hausaufgaben.

Einen Geographieordner in drei Schritten anlegen

1. Schritt: Anlegen des Geographieordners:
a. Schreibe Folgendes auf die Deckelseite deines Ordners:
   Fach, Name, Klasse, Schuljahr
b. Wenn ihr in der Klasse Regeln zur Heftführung verabredet habt, schreibe sie auf ein Blatt und klebe sie auf die Innenseite deines Ordners.
c. Nimm zum Schreiben einen Füller und zum Zeichnen einen angespitzten Bleistift.
   Male mit Holzfarbstiften aus.
   Verwende möglichst keine Filzstifte!
d. Jede Seite musst du nummerieren.

2. Schritt: Einteilung des Heftes:
a. Lege nach und nach ein Inhaltsverzeichnis mit den Hauptthemen des Schuljahres an. Ergänze die Hauptüberschriften mit den Überschriften der einzelnen Geographiestunden.
b. Gestalte zu jedem Hauptthema ein Deckblatt. Du kannst das Deckblatt mit Zeichnungen oder Illustrationen schmücken.

3. Schritt: Gestalten einer Seite:
a. Lass vom linken Rand einige Kästchen als Rand frei. Lass vom oberen und unteren Rand auch einige Kästchen frei. Schreibe nur in jede zweite Kästchenreihe. Schreibe auf die Vorder- und die Rückseite deiner Blätter. Somit sparst du Papier.
b. Unterstreiche die Überschrift mit dem Lineal und schreibe das Datum an den Rand.
c. Schreibe vor die Lösungen der Aufgaben aus deinem Geographiebuch die Aufgabennummer und die Seitenzahl.

METHODE

Grundwissen/Übung

Die Orientierung – ein wichtiger Werkzeugkasten der Geographie

M1 *Auszug aus einem Comicband*

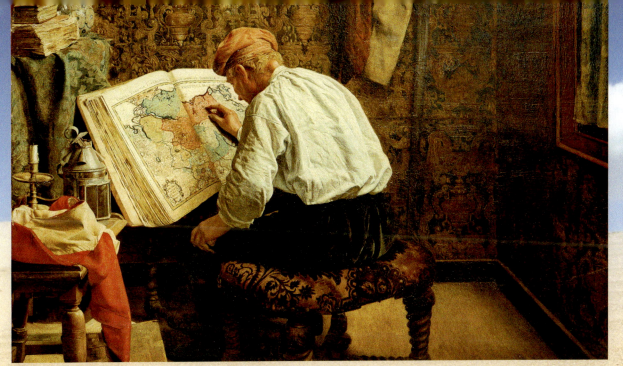

M2 „Le géographe" von Henri de Braekeleer von 1871 (Original im Musée d'Art Moderne in Brüssel)

① a) Welches Problem haben die beiden Comicfiguren in M1?
b) Welche Hilfsmittel könnten sie aus dieser misslichen Lage retten?
c) Wenn du die Comicgeschichte nicht kennst, versuche, durch Freunde oder Bekannte herauszufinden, um welche Comicserie es sich bei M1 handelt.

② Beantworte folgende Fragen:
a) Welche Art von Dokument ist M2?
b) Wer ist der Autor?
c) Was kannst du auf dem Dokument erkennen?
d) Wo findest du heute das Original dieses Dokumentes?

③ a) Um welche Geräte handelt es sich bei M3 und M4?
b) Wozu dienen sie?

INFO Orientieren
... heißt sich zurechtfinden. Die Geographie liefert dir eine Menge an Werkzeugen, die dir helfen:
- draußen den Weg zu finden
- oder einfach nur zu wissen, wo welcher Ort liegt.

Grundkurs

M3 *Kompass-App*

M4 *Navigationsgerät*

Grundwissen/Übung

Norden, Süden, Osten, Westen – Bestimmung der Himmelsrichtungen

Aus allen Richtungen, aber in einem Klassenzimmer

Ein neues Schuljahr hat begonnen. Es ist der 15. September im Lycée du Nord/Wiltz. Der Lehrer steht vor der Klasse und sagt:

„So liebe Schüler und Schülerinnen, nachdem ich mich als euer Régent vorgestellt habe, wollen wir uns untereinander kennenlernen. Jeder von euch sagt bitte seinen Namen, seinen Wohnort und wie er in die Schule kommt."

- „Ich bin Max, wohne in Wiltz und benötige zehn Minuten zu Fuß."
- „Mein Name ist Luana, und ich komme mit dem Bus aus Allerborn."
- „Ich komme von viel weiter her" ruft Chris in die Klasse, „nämlich aus Weiswampach"...

Auf M1 kannst du feststellen, aus welchen Dörfern verschiedene Klassenkameraden von Luana, Max und Chris kommen. Die schwarzen Linien zeigen dir die Richtungen, in denen sich diese Dörfer von Wiltz aus gesehen befinden. Diese Richtungen nennen wir die **Himmelsrichtungen**.

Ein **Kompass** ist ein Instrument zur Bestimmung der Himmelsrichtungen. Er enthält eine drehbar gelagerte Nadel, die magnetisch ist. Eine Spitze dieser Nadel richtet sich nach Norden aus. Unter der Kompassnadel liegt eine **Windrose** mit den einzelnen Himmelsrichtungen. Der Kompass muss so gedreht werden, dass Magnetnadel und Nordrichtung der Windrose übereinander liegen. Dann kann man die Himmelsrichtungen im Gelände bestimmen.

M2 Kompass

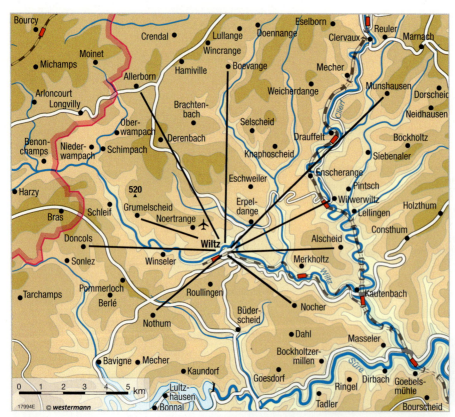

M1 Auszug aus der Atlaskarte: Luxemburg physisch

Ptolemäus war ein griechischer Wissenschaftler. Er lebte vor etwa 2000 Jahren. Er zeichnete alle seine Karten so, dass Norden am oberen Kartenrand lag.
Das ist bei den meisten Karten heute noch so.

M3 Himmelsrichtungen auf der Karte

Orientierung im Gelände – Auszug aus einem Survivalbuch

Wir bauen einen Kompass

Material:
Magnet, große Nähnadel, Korkscheibe, Schüssel

Bauanleitung:
1. Fülle die Schüssel mit Wasser und lege die Korkscheibe in die Mitte.
2. Streiche mit einem Ende des Magneten etwa 50-mal in eine Richtung über die Nadel.
3. Lege die Nadel vorsichtig auf die Korkscheibe und beobachte, was passiert.

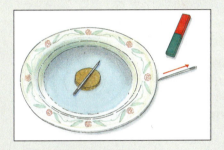

Und wenn kein Kompass zur Hand ist?
- Eselsbrücke zur Bestimmung der Himmelsrichtungen anhand des Sonnenlaufs:

> Im Osten geht die Sonne auf, im Westen wird sie untergehen,
> im Süden steigt sie Mittags hoch hinauf, im Norden ist sie nie zu sehen.

M4

- *Im Wald*
  Da der Westwind bei uns oft Regen mit sich bringt, findest du besonders viel Moos an der Westseite der Bäume.

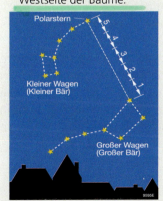

- *Am klaren Nachthimmel*
  In unseren Breiten steht der Polarstern immer im Norden. Suche dafür zuerst das Sternbild „Großer Wagen". Verlängere dann den Abstand der beiden hinteren Sterne fünfmal. So triffst du auf den Polarstern, der zum Sternbild „Kleiner Wagen" gehört.

---

❶ In M1 sind die Dörfer eingetragen, aus denen verschiedene Schüler der Klasse 7 kommen. In welchen ungefähren Himmelsrichtungen von der Schule aus liegen diese Dörfer? Benutze M2 als Hilfe.

❷ a) Chris wohnt in Weiswampach. Suche diesen Ort im Atlas (Karte Luxemburg physisch).
b) In welcher Himmelsrichtung liegt dieser Ort von Wiltz aus gesehen.

❸ Musst du den Kompass in M2 nach links oder nach rechts drehen, damit du die Himmelsrichtungen richtig bestimmen kannst?

❹ a) Benutze den selbst gebauten Kompass und zeichne im Schulhof mit Kreide eine Windrose auf.
b) Nenne auffällige Gebäude, Hügel oder ähnliche Objekte, die du vom Schulhof in den einzelnen Himmelsrichtungen sehen kannst.
c) Bestimme die Richtung, in der die Sonne von deiner Schule aus gesehen auf- und untergeht (M4).

Grundkurs

Grundwissen/Übung

Von oben betrachtet: Schrägluftbild – Senkrechtluftbild – Stadtplan

M1 *Senkrechtluftbild von Esch-sur-Alzette*

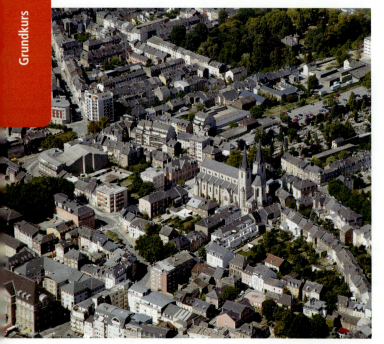

M2 *Schrägluftbild von Esch-sur-Alzette (fotografiert in NW-Richtung)*

Schrägluftbild und Senkrechtluftbild

M1 und M2 zeigen dir Fotos von Esch-sur-Alzette. Beide sind aus einem Flugzeug aufgenommen worden. Darum nennt man solche Fotos Luftbilder.

Auf M2 siehst du die Gebäude schräg von oben. Ein solches Foto nennt man **Schrägluftbild**. Darauf kannst du die Höhe der Gebäude einschätzen. M1 ist ein Senkrechtluftbild. Du erkennst die Flächen der Hausdächer und den Verlauf der Straßen besonders gut.

Ein solches **Senkrechtluftbild** dient zur Herstellung eines Stadtplans (M3). Darin sind auch Straßennamen und Namen von wichtigen Gebäuden angegeben. Damit du die einzelnen Zeichen und Farben auf dem Stadtplan verstehst, gehört immer eine **Legende** dazu.

M3 *Stadtplan von Esch-sur-Alzette*

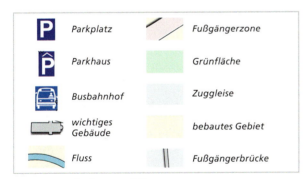

M4 *Legende (Auswahl)*

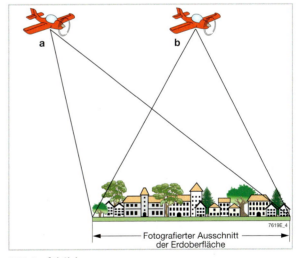

M5 *Luftbilder*

❶ Finde auf dem Stadtplan (M3) und dann im Senkrechtluftbild (M1)
a) das Rathaus,
b) den Bahnhof und
c) die Rue de l'Alzette.

❷ Benenne die Luftbilder a und b in M5.

❸ Werte das Luftbild M1 von Esch-sur-Alzette nach den Anweisungen in deinem Arbeitsheft aus.

INFO Legende
Eine Zusammenfassung und Erklärung aller Zeichen, Schriften und Farben einer Karte.

Grundwissen / Übung

Grundkurs

Der Maßstab

Ein Maß für die Verkleinerung

Wenn du den Plan eines Hauses oder eine Karte deines Dorfes in dein Geographieheft zeichnen willst, dann musst du die Realität verkleinern. Dazu benutzt du den **Maßstab**. Wird das Land Luxemburg zum Beispiel 200 000-mal verkleinert, damit es auf eine Atlasseite passt, so benutzen wir die Maßstabszahl 1:200 000 (sprich: eins zu zweihunderttausend). Das bedeutet, dass

- alle Entfernungen und Größen auf der Karte 200 000-mal kleiner sind als im Gelände oder umgekehrt:
- alle Entfernungen und Größen im Gelände 200 000-mal größer als auf der Karte sind.

Auf jeder Karte findest du eine Angabe über die Verkleinerung. In M1 wurde aber noch nicht verkleinert. Wir sagen, dass sie im Maßstab 1:1 gezeichnet wurde. Beachte die Einzelheiten, die dir am Schlüssel auffallen.

In M2 wurde der Schlüssel 10-mal verkleinert (1:10). Hier siehst du zwar mehr von der Umgebung, aber weniger Einzelheiten des Schlüssels.

In M3 und M4 wird die Wirklichkeit weiter verkleinert. Du bemerkst, dass das dargestellte Gebiet immer größer wird, aber immer mehr Einzelheiten verschwinden.

INFO Der Maßstab

großer Maßstab	kleiner Maßstab
viele Einzelheiten	wenige Einzelheiten
kleines dargestelltes Gebiet	großes dargestelltes Gebiet
kleinere Maßstabszahl	größere Maßstabszahl

Auf einer Karte kannst du verschiedene Angaben des Maßstabs finden:

Maßstab: 1:500

Entsprechungszahl: 1 cm ≙ 5 m

Maßstabsleiste:

0   5   10   15   20 m

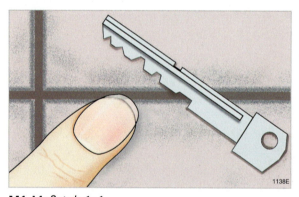

M1 *Maßstab 1:1*

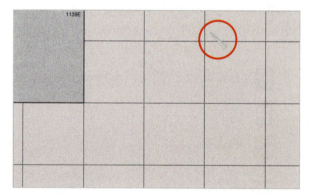

M2 *Maßstab 1:10*

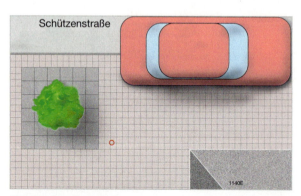

M3 *Maßstab 1:100*

M4 *Maßstab 1:1000*

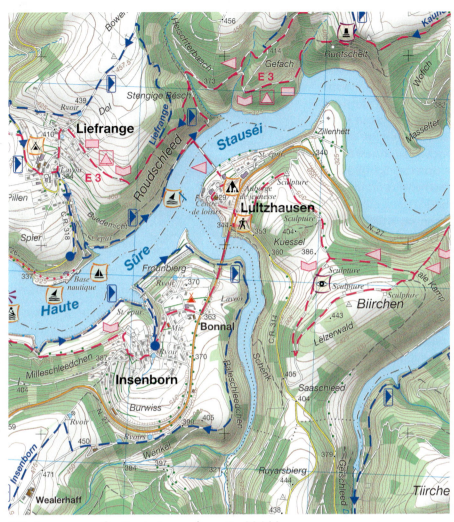

M5 *Auszug aus der Karte Luxemburg 1 : 20 000*

M6 *Auszug aus der Karte Luxemburg 1 : 100 000*

❶ Rechne die Seitenlänge der Gehwegplatten in M2 aus.

❷ Vergleiche M5 und M6. Welche Karte hat den größeren Maßstab?

❸ a) Berechne für M5 und M6 jeweils die Entsprechungszahl (Info).
b) Zeichne für die Karten M5 und M6 die jeweilige Maßstabsleiste.
c) Berechne die Breite des Stausees bei Lultzhausen (M5).
d) Rechne die Luftliniendistanz zwischen den Kirchen von Insenborn und Lultzhausen aus.
e) Bestimme mit einem Faden und deiner Maßstabsleiste die Distanz zwischen beiden Kirchen über die Straße. Vergleiche das Resultat mit dem von Frage 3d.

❹ Für schlaue Köpfchen: Die physische Karte Luxemburgs in deinem Atlas verkleinerst du auf der Kopiermaschine. Welche der drei Angaben des Maßstabs wird jetzt noch richtig sein (Info)?

Grundkurs

Grundwissen / Übung

Der Atlas

Die ganze Erde in einem Buch

Viele Menschen denken, dass das Schulfach Geographie aus dem Auswendiglernen von Hauptstädten, Namen und Höhen von Bergen besteht. Doch weit gefehlt! Jeder Schüler besitzt ja einen **Atlas**, in dem er nachschauen kann. Einige fühlen sich vielleicht wie die griechische Sagengestalt Atlas (M1), wenn sie das dicke Buch im Schulranzen herumtragen müssen. Doch seine Hilfe ist im Geographieunterricht unersetzbar!

Es gibt unterschiedliche Karten im Atlas. Neben physischen Karten (siehe S. 28) enthält der Atlas thematische Karten, die ein bestimmtes Thema behandeln. Es gibt Wirtschaftskarten, Klimakarten, Karten über die Landwirtschaft und viele mehr.

Bei jedem Kartenthema sind besondere **Signaturen** (Kartenzeichen/Symbole) und Flächenfarben vorhanden. Jede Signatur und Flächenfarbe hat eine andere Bedeutung. Sie werden in der Legende erklärt (siehe S. 21, Info).

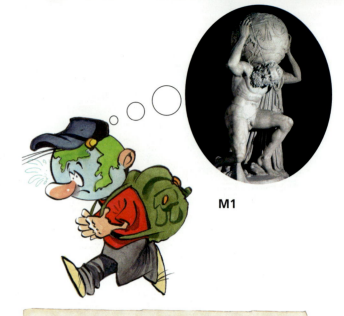

M1

INFO Atlas
Ein Atlas ist eine Sammlung von physischen und thematischen Karten aus der ganzen Welt. Das Register enthält die Namen der Orte in alphabetischer Reihenfolge.

Aufbau des Atlas:
Im Atlas gibt es verschiedene Hilfen, die es dir erleichtern, die gewünschten Karten zu finden.

E	G
East London 87, C 5	Gabès 71, F 5
Ebbe 10, E 2	Gaborone 86, C 4
Eberswalde-Finow 22, J 4	Gabun 78, 1 E 6
Ebro 70, C 3	Gafsa 71, F 5
Ebschloh 11, F 3	Gail 69, K 3
Ebsdorfergrund 11, G 3	Gailtaler Alpen 69, J 3
Ecatepec 132, C 4	Galathea-Tief 114, J 4
Ech-Chéliff 70, D 5	Galati 67, H 4
Echzell 11, G 4	Galdhøpiggen 56, 2 A 3
Eckernförde 22, E 2	Galicien 70, A 3
Ecrins 68, C 5	Galizien 67, G 3
	Gällivare 56, 2 E 2

Inhaltsverzeichnis:
Es listet alle Karten nach Regionen und Themen auf.

Kartenteil:
Die Karten sind nach Regionen geordnet und dann innerhalb der Regionen nach Themen.

Register:
Es enthält viele Namen, die auf den Karten vorkommen. Hinter jedem Namen steht die Seitenangabe, ein Buchstabe und eine Zahl. Es gibt das Planquadrat an, wo der gesuchte Name zu finden ist. (M2 + M4)

M2 *Auszug aus dem Register*

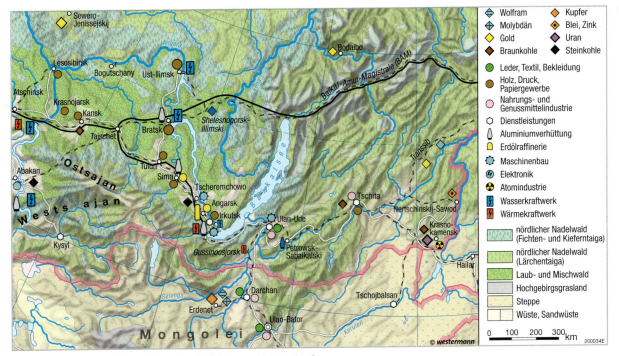

M3 *Auszug aus dem Atlas: Mittelsibirien – Wirtschaft*

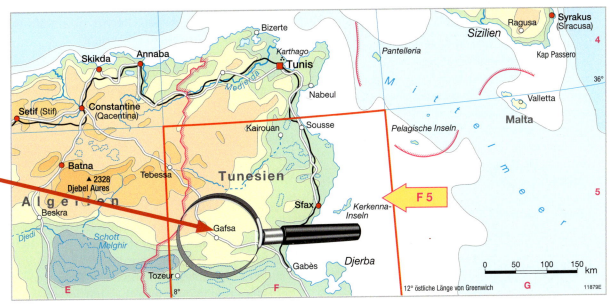

M4 *Der Ort Gafsa in Tunesien (Afrika)*

❶ Suche im Inhaltsverzeichnis des Atlas eine Wirtschaftskarte Luxemburgs.

❷ Auf welcher Atlasseite findest du eine Klimakarte der Welt?

❸ Gib die jeweilige Atlasseite und das Planquadrat von folgenden Städten an: Wasserbillig, New York, Rio de Janeiro, Tokio, Canberra und Honolulu.

❹ In welchen Ländern liegen folgende Städte: Kinshasa, Kristiansund, Minsk, Sabah, Ushuaia, Vitry-le-François, Irkutsk?

❺ Welche Rohstoffe baut man in der Nähe von Irkutsk ab (M3)?

❻ Aus welchen Baumarten besteht der Wald am Baikalsee (M3)?

Grundwissen/Übung

Bilder beschreiben und auswerten

Ein Bild sagt oft mehr als tausend Worte

In Zeitschriften, in Büchern, im Internet, im Fernsehen, auf Werbeplakaten, im Schulbuch – überall findet man Bilder. Aus einem Bild kann man viel erfahren, wenn man es sich genau anschaut. Benutze zur Auswertung die Drei-Schritte-Methode:

Ein Bild in drei Schritten beschreiben und auswerten

1. Schritt: Allgemeine Informationen zum Bild
- Um welchen Bildtyp handelt es sich (Zeichnung, Foto, Schräg- oder Senkrechtluftbild)?
- Welches Thema, welcher Ort oder welche Landschaft zeigt das Bild? Lies dazu die Bildunterschrift.
- Wo liegt der Ort oder die Landschaft? Benutze dazu deinen Atlas oder Informationen aus dem Internet.
- Gibt das Foto dir einen Hinweis zur Tages- oder Jahreszeit?

2. Schritt: Beschreibung

Einzelheiten
Teile das Bild in Vorder-, Mittel- und Hintergrund ein. So kannst du dich besser auf einzelne Bereiche des Bildes konzentrieren. Welche Einzelheiten sind dort besonders auffallend? Erkennst du natürliche Oberflächenformen, Landnutzung (Landwirtschaft, Industrie, Tourismus, Verkehrswege), die Verteilung und Größe, das Aussehen und die Nutzung der Gebäude? Gibt es Menschen, die etwas tun? Oder siehst du besondere Naturerscheinungen?

Gesamteindruck
Was ist die wichtigste Aussage des Bildes? Fasse dazu alle Informationen zu einer Kernaussage zusammen.

3. Schritt: Erklärung
Versuche, Zusammenhänge zwischen den Einzelheiten des Bildes zu finden und zu erklären.
Äußere Vermutungen über mögliche Probleme.

INFO Skizze
Eine Skizze kann hilfreich sein, um ein Bild auszuwerten: Lege Transparentpapier über das Foto und zeichne die wichtigsten Linien und Flächen ein. Dabei solltest du Zusammengehöriges mit einer Farbe einfärben. Eine Legende gehört auch dazu (M2).

Beispiel für die Auswertung von M1

1. Schritt: Allgemeine Information zum Bild
Es handelt sich bei dem Bild um eine Fotografie. Sie zeigt uns den Ort Calpe, der nordöstlich von Benidorm liegt.
Calpe liegt an der Costa Blanca an der Mittelmeerküste im Südosten Spaniens.
Dem Schatten nach zu urteilen und da das Bild in Richtung Nordwesten geschossen wurde, ist es Nachmittag.

2. Schritt: Beschreibung

Einzelheiten
Im Vordergrund, dort wo der Fotograf steht, sehen wir niedrige Sträucher und einen trockenen, hellen Boden.
Der Berg fällt im Mittelgrund auf Meereshöhe ab. Dort stehen Hochhäuser, die sich entlang der Küste verteilen. Links im Mittelgrund gibt es einen Hafen mit vielen Schiffen. Rechts ist ein Strand vor der Hochhausfront zu erkennen.
Hinter den Hochhäusern liegt ein See.
Im Hintergrund sehen wir ein dicht bebautes Gebiet mit niedrigen Häusern. Dahinter sind Berge zu erkennen.

Gesamteindruck
Es handelt sich um ein Touristenzentrum an der spanischen Mittelmeerküste.

3. Schritt: Erklärung
Die Hochhäuser sind sogenannte Bettenburgen, in denen man auf möglichst kleinem Raum viele Touristen unterbringen kann. Alle wollen natürlich den Meeresblick genießen. Der Strand sowie der Hafen zeigen die Freizeitbeschäftigungen der Touristen.
Im Hintergrund leben wahrscheinlich die Einheimischen oder dort gibt es weitere Viertel mit Ferienwohnungen. Da der Vordergrund ein Naturpark ist, kann man vermuten, dass die Spanier trotz des Touristenandrangs die Natur teilweise schützen wollen.

M1 *Sicht nach Nordwesten vom Parque Natural del Peñón de Ifach auf Calpe (Badeort nordöstlich von Benidorm)*

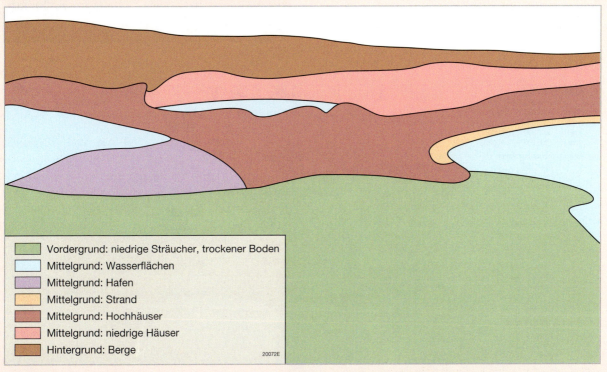

- Vordergrund: niedrige Sträucher, trockener Boden
- Mittelgrund: Wasserflächen
- Mittelgrund: Hafen
- Mittelgrund: Strand
- Mittelgrund: Hochhäuser
- Mittelgrund: niedrige Häuser
- Hintergrund: Berge

M2 *Skizze*

Grundwissen / Übung

METHODE

Die physische Karte

Ein besonderes Bild der Landschaft

Eine physische Karte gibt dir einen guten Überblick über die Landschaft, so als würdest du sie von oben aus dem Flugzeug sehen. So kannst du erkennen, ob eine Gegend aus hohen Bergen besteht oder sehr tief und flach ist. Du erkennst den Verlauf der Flüsse, die Lage der Dörfer und Städte und die Straßen oder Eisenbahnlinien, die sie verbinden. Zur besseren Orientierung sind auch die Grenzen der Länder eingezeichnet (M1).

Die physische Karte zeigt dir die Landhöhen und die Meerestiefen. Diese Höhen werden von der durchschnittlichen Höhe des Meeresspiegels aus gemessen (M7).

Die Landhöhen werden auf Karten durch **Höhenlinien** und **Höhenschichten** (M5) dargestellt.

Höhenlinien verbinden alle Punkte, die in derselben Höhe über dem Meeresspiegel liegen.

Höhenschichten sind Flächen zwischen zwei Höhenlinien. Sie sind farbig ausgemalt. Für unterschiedliche Höhen verwendet man unterschiedliche Farben. Mit zunehmender Höhe wechseln die Farben von Dunkelgrün über Gelb bis Dunkelbraun. Dadurch werden die Oberflächenformen gut sichtbar. So unterscheiden wir zwischen Tiefland (0–200 m), Mittelgebirge (bis 1500 m) und Hochgebirge (über 1500 m).

M2 *Mount Fitz Roy (Argentinien)*

M3 *Vogesen*

M4 *Niederlande*

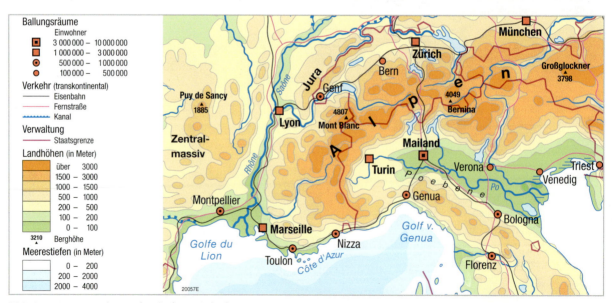

M1 *Auszug aus einer physischen Atlaskarte*

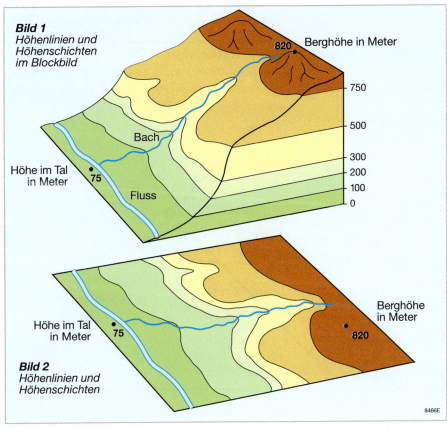

Bild 1 Höhenlinien und Höhenschichten im Blockbild

Bild 2 Höhenlinien und Höhenschichten

M5 Höhendarstellung

Der Kartoffelberg

Material:
eine halbe Kartoffel, Messer, zwei Zahnstocher, Bleistift, ein Blatt Papier

Durchführung:
1. Stecke die beiden Zahnstocher durch die Kartoffelhälfte und ziehe sie danach wieder heraus.
2. Schneide die Kartoffelhälfte in 3–5 etwa gleich dicke Scheiben.
3. Lege die größte Scheibe zuerst auf das Papier und stecke die Zahnstocher durch dieselben Löcher. Drücke mit den Zahnstochern fest auf das Papier, sodass sie einen Abdruck hinterlassen. Umfahre mit dem Bleistift die Kartoffelscheibe.
4. Wiederhole diesen Vorgang mit allen Scheiben. Die Zahnstocher müssen immer an derselben Stelle sein.

M6 Wie kommt der Berg auf die Karte?

M7 Höhenmessung vom Meeresspiegel aus (Die Angabe der Höhe in Meter über dem Meeresspiegel lautet abgekürzt „m ü. M." oder „m ü. NN": „Meter über Normalnull".)

❶ Welche Flüsse und Seen kannst du in M1 erkennen?

❷ Welche großen Städte liegen im Tiefland (M1)?

❸ Welche Hoch- oder Mittelgebirge erkennst du auf M1?

❹ Wie hoch ist der Mont Blanc (M1)?

❺ Wie nennt man die Küste zwischen Toulon und Nizza (M1)?

❻ Welche Teile von welchen Ländern kannst du auf M1 sehen? Nimm deinen Atlas zur Hilfe.

❼ Benenne die Oberflächenformen, die du auf den einzelnen Fotos erkennen kannst (M2–M4).

Grundwissen / Übung

Gewusst – Gekonnt

Hier kannst du deine Kenntnisse festigen und testen.

1. Städte, Himmelsrichtungen und Entfernungen

Welche Städte verbergen sich hinter den Ziffern 1 bis 5 (Atlas, Karte: Mitteleuropa)? Bestimme auch die Himmelsrichtungen, in denen sie von Berlin aus gesehen liegen.

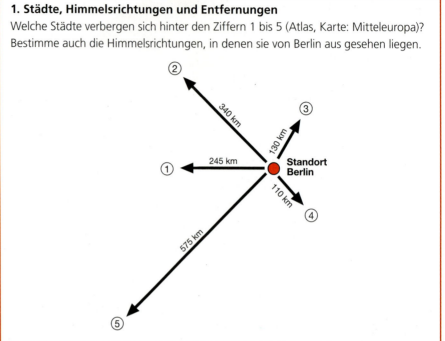

2. Ordne zu!

Bilde aus den Wortteilen sechs Wörter und ordne sie den Abbildungen A–F zu.

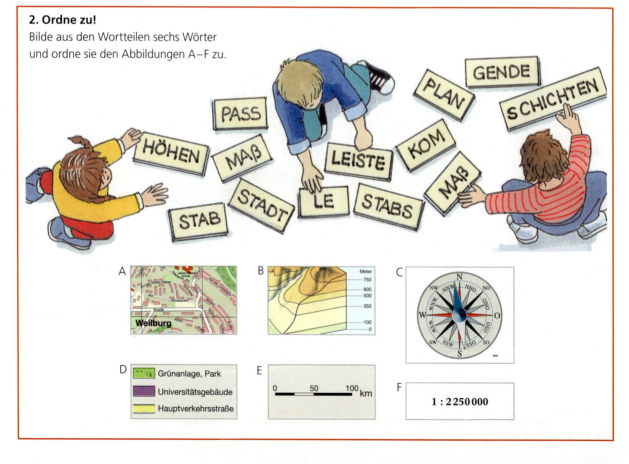

Übung

3. Der Maßstab

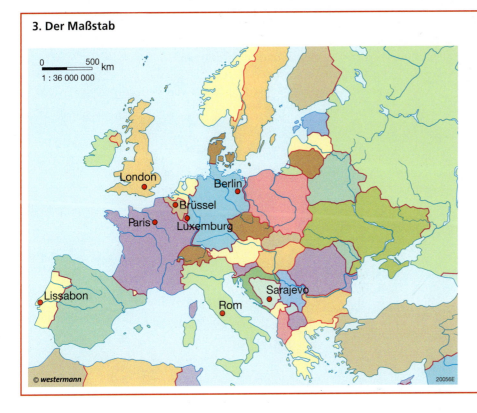

1 : 36 000 000

Eine thematische Karte der Ländergrenzen in Europa (= politische Karte):

1 **cm** auf der Karte entspricht 36 000 000 _____ oder _____ **m** oder 360 _____ in der Wirklichkeit.

Miss und berechne folgende Entfernungen:
Luxemburg – Paris
Luxemburg – Brüssel
Luxemburg – Lissabon
Luxemburg – Rom
Luxemburg – Berlin
Luxemburg – London
Luxemburg – Sarajevo

4.
In welche Himmelsrichtungen zeigen die roten Pfeile a–h?

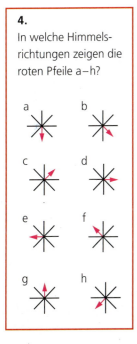

5. Karten
a) Notiere, wie man die abgebildeten Karten A bis C nennt.
b) Welche Karte ist am besten geeignet, wenn man sich in einer Stadt orientieren möchte?

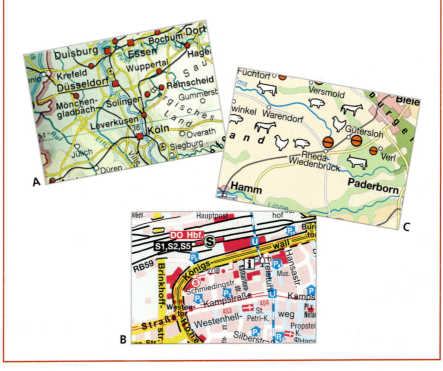

Übung

Planet Erde

Jupiter

Neptun

Hier kreist die Erde als drittnächster Planet der Sonne

ars

Uranus

Saturn

Planet	Durchmesser	Monde	Abstand zur Sonne
Jupiter	143 000 km	63	779 Mio. km
Saturn	120 000 km	47	1 432 Mio. km
Uranus	51 100 km	27	2 884 Mio. km
Neptun	49 500 km	13	4 509 Mio. km
Erde	12 760 km	1	150 Mio. km
Venus	12 100 km	–	108 Mio. km
Mars	6 970 km	2	228 Mio. km
Merkur	4 800 km	–	58 Mio. km

M1 *Die Planeten des Sonnensystems, geordnet nach ihrer Größe.*

M1 *Blick vom Mond auf die Erde*

Die Erde – ein Bruchteil unserer Galaxis

Ein Blick in das Weltall

Du lebst zusammen mit sieben Milliarden Menschen auf der Erde. Sie erscheint uns riesig. Wenn man aber auf das **Weltall** schaut, so sind wir nur ein winzig kleiner Teil davon (M1). Die Erde ist der drittnächste **Planet** zur Sonne. Um sie herum kreist ein weiterer Himmelskörper, der **Mond**. Er benötigt 27,3 Tage für eine Umkreisung (M2).

Die Planeten leuchten nicht selbst, sondern werden von der Sonne angestrahlt. Die Sonne ist eine glühende Gaskugel, die ihr Licht in alle Richtungen sendet. Sie ist ein **Fixstern**.

Die Sonne steht im Mittelpunkt unseres **Sonnensystems**. Acht Planeten bewegen sich auf Bahnen um sie herum. Unsere Erde benötigt 365 Tage und sechs Stunden für ihre Bahn um die Sonne.

Unser Sonnensystem ist ein Teil der Milchstraße, unserer **Galaxie**. Neben der Sonne befinden sich in der Milchstraße Milliarden anderer Sterne. Alle kreisen spiralförmig um ein Zentrum. Im Weltall gibt es über 100 Mrd. solcher Galaxien (M5).

Galaxie – große Sternen- und Planetenansammlung im Weltall; unsere Galaxie heißt Milchstraße (Galaxis).

Stern – eine glühende Gaskugel, die selbst Licht und Wärme ausstrahlt (auch: Fixstern).

Sonne – ein Stern unserer Milchstraße, das Zentrum unseres Sonnensystems.

Planet – ein Himmelskörper, der einen Stern auf einer Umlaufbahn umkreist. Er leuchtet nicht selbst, sondern wird von einem Stern angestrahlt.

Mond – ein Himmelskörper, der einen Planeten auf einer Umlaufbahn umkreist. Er leuchtet nicht selbst.

M3 *Kleines Himmelslexikon*

INFO Das Licht als Entfernungsmesser

Die Entfernungen im Weltall sind unvorstellbar groß. Um sie bestimmen zu können, wird die Strecke in Lichtjahren gemessen.

Ein Lichtjahr ist die Strecke, die ein Lichtstrahl in einem Jahr zurücklegt.

Lichtjahr: 9 500 000 000 000 km
Lichtstunde: 1 080 000 000 km
Lichtminute: 18 000 000 km
Lichtsekunde: 300 000 km

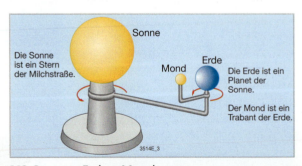

M2 *Sonne – Erde – Mond*

M4 *Merkhilfe (Eselsbrücke)*

Die Erde im Weltall

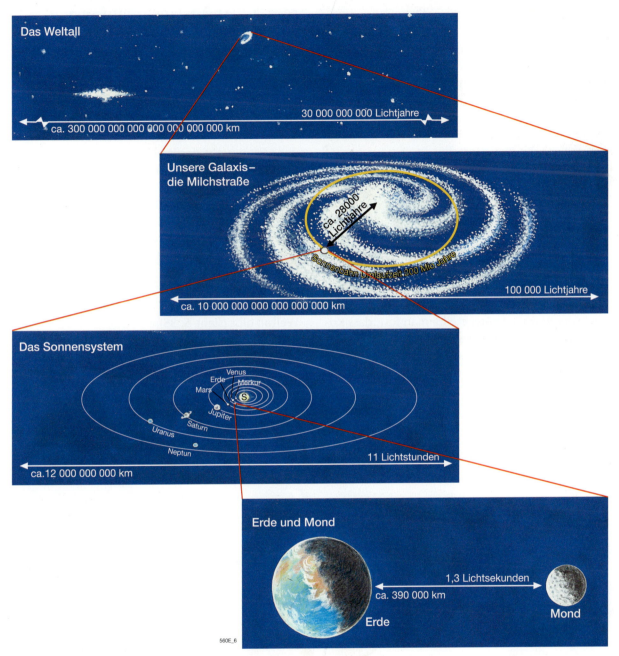

M5 *Die Erde im Weltall*

① Nenne die Planeten unseres Sonnensystems in der richtigen Reihenfolge. Fange mit dem Planeten an, der der Sonne am nächsten ist (M4, S. 33 M1).

② Die Sonne ist etwa 150 Mio. km von der Erde entfernt. Wie lange braucht das Sonnenlicht von der Sonne bis zur Erde?

③ Wenn wir unseren Sternenhimmel sehen, schauen wir in die Vergangenheit. Erkläre, wie das gemeint ist.

④ Wandere mit deiner Klasse über den Planetenwanderweg in Schifflange. Vergleiche die Anzahl der Planeten mit der von S. 33 M1. Was stellst du fest?

Grundwissen/Übung

Das Weltbild im Wandel

Die Erde – Scheibe oder Kugel?

Welche Form hat die Erde? Diese für uns einfache Frage führte zu Auseinandersetzungen unter den Wissenschaftlern. Bereits im Altertum gab es zwei Auffassungen: Thales von Milet, ein griechischer Wissenschaftler, vertrat die Auffassung, dass die Erde eine flache Scheibe sei, die auf dem Wasser schwimmt (M1).

Der griechische Naturforscher Ptolemäus hingegen nahm an, dass die Erde eine Kugel sei. Seine Annahme von der Kugelgestalt der Erde setzte sich schließlich durch (M1).

Auch im Mittelalter vertraten die meisten Wissenschaftler diese Auffassung. Christoph Kolumbus war von der Kugelgestalt der Erde überzeugt und versuchte, von Spanien aus Indien auf dem Seeweg nach Westen zu erreichen. Als nach zwei Monaten Land in Sicht kam, dachte Kolumbus, dies sei die Küste Indiens. Später stellte man fest, dass Kolumbus die Küste Amerikas erreicht hatte. Bewiesen wurde die Kugelgestalt der Erde erst mit der Umsegelung der Erde durch den Portugiesen Magellan im Jahr 1522.

Die Erde – Mittelpunkt des Weltalls?

Lange Zeit glaubten die Menschen, dass sich Sonne, Mond und Sterne um die fest stehende Erde drehen würden. Diese Auffassung vertrat auch Ptolemäus (**geozentrisches Weltbild**, M1).

Im Jahr 1543 kam es dann zu einer wissenschaftlichen Revolution. Der polnische Priester Nikolaus Kopernikus (M1, M3) verkündete, dass die Sonne der Mittelpunkt des Weltalls sei und die Erde lediglich ein Planet der Sonne wäre (**heliozentrisches Weltbild,** M1).

Als der italienische Mathematiker Galileo Galilei (M4) 1632 dieses Weltbild in einem Buch vorstellte, wurde das Buch von der Kirche verboten, und Galilei musste seine Auffassung widerrufen.

Inzwischen wissen wir, dass die Sonne nur ein kleiner Stern am Rand unserer Milchstraße ist, und dass es noch zahllose andere Galaxien im Weltall gibt (siehe S. 35).

Dieses Wissen verdanken wir unter anderem Teleskopen, wie dem **Hubble Weltraum-Teleskop**, das seit 1990 mehr als 500 000 Bilder aus dem Weltall zur Erde gesandt hat (M1).

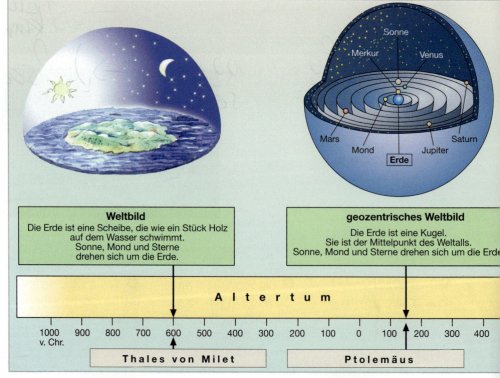

M1 *Das Weltbild verändert sich*

M2 *Herannahendes Schiff*

M5 *Erdschatten auf dem Mond*

M3 *Nikolaus Kopernikus*

M4 *Galileo Galilei*

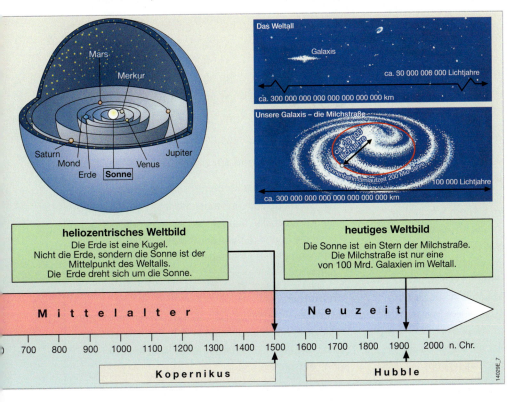

❶ Woran erkennt man die Krümmung der Erdoberfläche (M2 und M5)?

❷ Inwiefern haben moderne Teleskope wie das Hubble-Teleskop unser Weltbild verändert (M1)?

❸ Vergleiche eine aktuelle Weltkarte mit Weltkarten aus der Antike (Atlas).
a) Welche Unterschiede gibt es?
b) Erkläre diese Unterschiede.

❹ Warum glaubte Kolumbus nach zwei Monaten Fahrt fälschlicherweise, er habe die indische Küste erreicht (siehe Karte der Entdeckungsfahrten im Atlas)?

Grundwissen / Übung

M1 *Unser Sonnensystem*

Unser Sonnnensystem ist unvorstellbar groß. Um sich die Größen der Sonne und unserer Planeten sowie die Entfernungen zwischen ihnen trotzdem vorstellen zu können, könnt ihr auf dem Schulhof das Sonnensystem mit farbiger Kreide aufzeichnen. So stellt ihr die Wirklichkeit verkleinert und vereinfacht dar.

So geht ihr vor:
- Bildet neun etwa gleich große Gruppen.
- Jede Gruppe sucht sich einen der acht Planeten oder die Sonne aus und informiert sich in Lexika, Sachbüchern oder im Internet über den ausgewählten Planeten bzw. die Sonne.
- Jede Gruppe schreibt die wichtigsten Informationen auf ein Plakat, auf das sie auch Bilder des Planeten bzw. der Sonne klebt.
- Die Gruppen stellen sich nun auf dem Schulhof in der Reihenfolge der Planeten und im richtigen Abstand zueinander auf (siehe Tabelle M3). Ein großer Schritt entspricht etwa einem Meter.
Es kann sein, dass euer Schulhof für die äußeren Planeten zu klein ist. In dem Fall könnt ihr die Distanzen aus der Tabelle noch einmal – in einem Maßstab, der eurem Schulhof gerecht wird – verkleinern.
- Jede Gruppe zeichnet dann ihren Planeten an der errechneten Stelle und in der richtigen Größe auf (M3).

Sonne/Planet	Entfernung zur Sonne	Durchmesser
Sonne	–	70 mm
Merkur	2,90 m	0,25 mm
Venus	5,40 m	0,6 mm
Erde	7,45 m	0,6 mm
Mars	11,40 m	0,35 mm
Jupiter	38,90 m	7 mm
Saturn	71,35 m	6 mm
Uranus	143,50 m	2,55 mm
Neptun	224,80 m	2,45 mm

M3 *Größenangaben für unser Modell*

- Anschließend geht ihr gemeinsam die Strecke von der Sonne bis zum äußersten Planeten ab. An jeder Station stellt eine Gruppe den jeweiligen Planeten bzw. die Sonne mithilfe des Plakates vor und legt es dann auf dem Boden neben dem betreffenden Planeten ab.

Alternative:
Anstatt die Planeten und die Sonne zu zeichnen, könnt ihr sie auch durch Gegenstände (z. B. Ball, Erbse…) darstellen, die dem Durchmesser eures Planeten bzw. der Sonne entsprechen.

M2 *Anleitung*

Material sammeln und Plakat vorstellen

M4 *Internet-Suchmaschinen*

So gehst du vor:

1. Vorbereitung
Wie gut deine Präsentation wird, hängt vor allem von der Materialsammlung ab. Für deine Materialsammlung stehen dir viele Quellen zur Verfügung. Deine Schule hat eine Bibliothek, die dir viele Informationen bieten kann. Natürlich darfst du auch Informationen aus dem Internet verwenden (M4, M5). Nachdem du deine Materialien gesammelt hast, musst du sie streng nach dem Thema auswählen. Alles, was nicht hundertprozentig zum Thema passt, legst du beiseite.

2. Das W(orld)w(ide)w(eb) durchforsten – erfolgreich im Internet suchen
Im Internet gibt es Milliarden Internetseiten zu den unterschiedlichsten Themen. Daher musst du für eine Präsentation zielgenau suchen. Dafür gibt es Internet-Suchmaschinen, in die du Stichwörter eingeben kannst (z.B. Merkur). Doch auch die Suche mit Internetsuchmaschinen kann dir zu viele Ergebnisse liefern. Ein paar Tipps helfen dir bei der Recherche: Gib das Thema, das du suchst, so genau wie möglich an, damit die Zahl der Suchergebnisse kleiner ausfällt; zum Beispiel Suchbegriff: „Merkur" – 4810000 Treffer; „Merkur Umlaufzeit" – 15600 Treffer.
Du kannst die Zahl der Treffer sogar noch einschränken indem du Suchbegriffe, die aus mehreren Wörtern bestehen, zwischen Anführungszeichen schreibst. Dann werden nur die Internet-Seiten gesucht, in denen genau diese Wortfolge auftaucht. Zum Beispiel Suchbegriff: "Umlaufzeit des Merkur" – 82 Treffer.

3. Präsentation: Das Auge "hört" mit
Wenn du deine Ergebnisse mündlich präsentieren musst, ist es wichtig, dass du das anschaulich tust. Wenn die Zuhörer eines Vortrages auch etwas sehen, ist es für sie interessanter und sie können die Inhalte leichter verstehen und behalten. Es gibt unterschiedliche Möglichkeiten, wie du deine Ergebnisse präsentieren kannst: auf einem Plakat (M6), auf einer Folie oder durch eine Bildschirmpräsentation (siehe S.137).

Ein kostenloses Internet-Lexikon ist zum Beispiel Wikipedia. Begriffe kannst du ins Suchfeld eingeben. Allerdings kann in Wikipedia jeder einen Artikel schreiben, kommentieren und bewerten. Dadurch können Inhalte auch fehlerhaft sein. Beiträge dürfen mit Angabe der Quelle frei kopiert und verwendet werden.

M5 *Internet-Lexika*

Präsentation mit Plakat
Auf einem Plakat haltet ihr nur die wichtigsten Punkte in Stichpunkten fest und macht die Zusammenhänge durch Pfeile deutlich. Im Gegensatz zu einer Wandzeitung kommen nur wenig Texte auf ein Plakat.
Schreibt die Texte mit einem dicken Stift auf Streifen, Ovale, Kreise oder Rechtecke. Klebt die Figuren auf einen großen Bogen braunen Packpapiers. Zeichnet die Pfeile ein.

M6

METHODE

Grundwissen / Übung

M1 *Der älteste erhaltene Globus von Behaim*

M3 *Weltkarte aus dem 15. Jahrhundert*

Abbildungen der Erde

Der Globus: ein Modell der Erde

Die Erde wird schon seit der Antike als **Globus** dargestellt, so zum Beispiel auf den Schultern des Atlas (siehe S. 24). Das Wort Globus kommt aus dem Lateinischen und bedeutet Kugel. Der Globus ist ein verkleinertes Abbild unserer Erde. Der älteste noch erhaltene Globus ist der sogenannte Erdapfel von Martin Behaim aus dem Jahre 1493 (M1).

Ein Globus vermittelt uns nicht nur einen Eindruck von der tatsächlichen Form der Erde, sondern auch von ihrer Stellung im Weltraum. Durch Nord- und Südpol des Globus führt die **Erdachse**, um die sich der Globus dreht. Unsere Erde dreht sich in 24 Stunden um sich selbst, also um diese gedachte Achse. Die Erdachse ist im Vergleich zur Senkrechten zur Umlaufbahn um die Sonne um 23,5° geneigt (M2).

Vom Globus zur Karte

Da unsere Erde die Gestalt einer Kugel hat, ist es schwer, diese dreidimensionale Form auf zweidimensionalen Karten darzustellen. Die unterschiedlichen **Projektionen** (M7) können immer nur Teile der Erdoberfläche richtig darstellen, während andere Teile verzerrt werden.

Die sternförmigen Weltkarten (M6) geben die Wirklichkeit am besten wieder. Sie werden aber kaum benutzt, da sie schwer zu lesen sind.

> **Wusstest du dass...**
> ... die ältesten Landschaftsabbildungen aus der Altsteinzeit stammen?
> ... die älteste erhaltene Weltkarte aus dem 6. Jh.v.Chr. stammt?

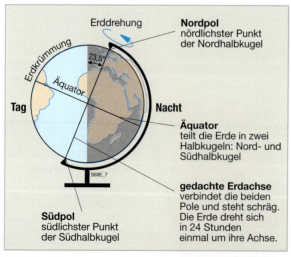

M2 *Der Globus – verkleinertes Modell der Erde*

M4 *Der begehbare Globus in Schloss Gottorf bei Schleswig (Original aus dem 17. Jahrhundert)*

Grundwissen

Vom Globus zur Karte

1. Ihr braucht: eine Kugel (Ball, Styroporkugel o. ä.), Stifte und ein Blatt Papier.
Zeichnet zuerst die ungefähren Umrisse der Erde auf das Blatt. Versucht dann, aus dem Papier und der Kugel einen Globus herzustellen, indem ihr das Papier um die Kugel wickelt.
- Auf welche Probleme stoßt ihr?
- Welche Lösung schlagt ihr vor?

2. Stellt das Experiment von M6 nach: Dazu braucht ihr Orangen, Stifte und Messer.
Vergesst nicht, vorher die Tische im Klassenraum abzudecken, um zu verhindern, dass sie durch den Saft der Orangen klebrig werden.
Zeichnet zuerst die ungefähren Umrisse der Kontinente auf eine Orange. Schält dann die Orange so, wie es auf dem Bild zu sehen ist. Passt auf, dass die Schale entweder am Nordpol oder am Südpol zusammenhält. Seid vorsichtig beim Umgang mit den Messern.
Versucht danach, die Orangenschale flach auf den Tisch zu legen.
- Vergleicht eure "Orangenschalenkarte" mit der sternförmigen Weltkarte (Atlas). Was stellt ihr fest?

3. Wie ihr aus einer Kugel und einem Blatt Papier einen Globus basteln könnt, seht ihr im Arbeitsheft.

M5 *So geht ihr vor*

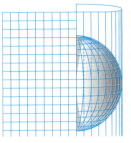

zylindrische Projektion

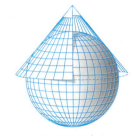

konische Projektion

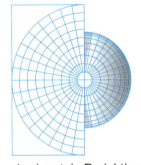
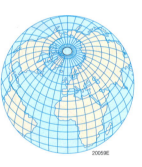

horizontale Projektion

M7 *Unterschiedliche Kartenprojektionen*

M6 *Von der „Orange" zur Karte*

❶ Der Globus ist ein Abbild unserer Erde. Beschreibe ihn unter Verwendung folgender Begriffe: Nordpol, Südpol, Südhalbkugel, Erdachse, Äquator und Nordhalbkugel (M2).

❷ Welche Vor- und Nachteile haben die unterschiedlichen Kartenprojektionen (M7)?

Grundwissen/Übung

Der Untergang der Titanic

Von ihrer britischen Reederei White Star Line wurde sie als unsinkbar beschrieben: Die Titanic. Doch in der Nacht vom 14. auf den 15. April 1912 passierte das Unvorstellbare. Das Kreuzfahrtschiff Titanic war um 23.40 Uhr auf seinem Weg von Southampton nach New York mit einem Eisberg kollidiert.

Augenzeugenberichten vom Passagierschiff Carpathia zufolge empfing man dort etwa um 0.15 Uhr folgenden Funkspruch von der Titanic: „CQD (come quick, danger), wir sinken. Befinden uns in Position 42° N 50° W; erbitten dringend Hilfe". Auf dem Weg zur Titanic empfing man etwa eine Stunde später noch einen Notruf: „SOS, SOS (save our souls), wir sinken, befinden uns auf 42° N 50° W!". Als die Carpathia nach vier Stunden voller Fahrt um 4.20 Uhr endlich an der Unglücksstelle eintraf, konnte die Mannschaft nur noch 704 Überlebende von insgesamt 2208 Passagieren retten. Die Titanic war um 2.20 Uhr gesunken und hatte über 1 500 Menschen in den Tod gerissen.

M1 *Zeitungsartikel*

Orientierung mithilfe des Gradnetzes

Bestimmung der geographischen Lage

Die Erde hat die Gestalt einer Kugel. Es gibt keinen Anfang und kein Ende. Eine genaue **Orientierung** ist sehr wichtig, besonders in der See- und Luftfahrt. Nur so können beispielsweise Menschen in Not – wie beim Untergang der Titanic – ihre genaue Position durchgeben und Hilfe anfordern (M1).

Deshalb hat man ein Netz aus gedachten Linien, das sogenannte **Gradnetz**, um die Erde gelegt. Es ist auf jedem Globus und vielen Karten zu finden. Mithilfe dieser Linien kann man die genaue geographische Lage (**Koordinaten**) jedes Ortes ermitteln (M2). Die präzise Orientierung mittels moderner **Navigationssysteme** (z.B. GPS, Galileo, siehe S. 17 M3/M4) ist nur dank des Gradnetzes möglich.

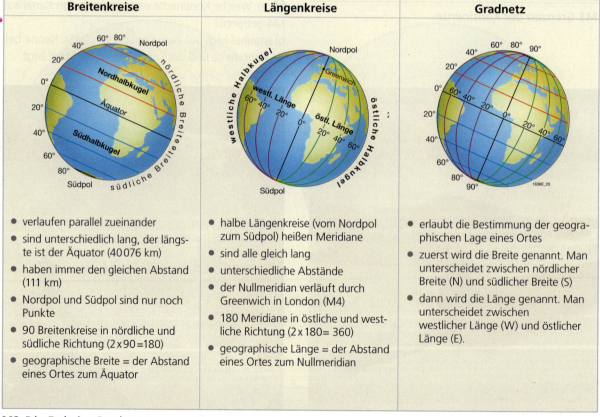

M2 *Die Erde im Gradnetz*

❶ Erkläre, wie es der Carpathia möglich war, die Titanic nachts im Atlantik zu finden und 700 Passagiere zu retten (M1).

❷ Suche den Ort, an dem die Titanic gesunken ist, auf einer Weltkarte. Wie weit war das Schiff von seinem Ziel entfernt als es sank (Maßstab)?

❸ Vergleiche die geographische Lage von Kairo und Durban (M3).

❹ Ermittle die geographische Lage folgender Orte (Atlas): London, Manaus, Montevideo, Montréal, Moskau, New Orleans, New York, Nowosibirsk, Ouagadougou, Paris, Perth, Quito, Swakopmund, Sydney, Tokio.

❺ Ermittle mithilfe des Atlas, welche Städte sich auf diesen Koordinaten befinden:
a) 34°N 118°W,
b) 34°S 58°W,
c) 38°N 24°E,
d) 33°S 18°E,
e) 50°N 97°W,
f) 10°N 67°W,
g) 6°N 0°,
h) 40°N 116°E.

❻ Informiere dich im Internet über GPS. Erkläre, wie ein Navigationsgerät dir so präzise den Weg beschreiben kann (siehe S. 17).

M4 *Der Verlauf des Null-Meridians durch Greenwich*

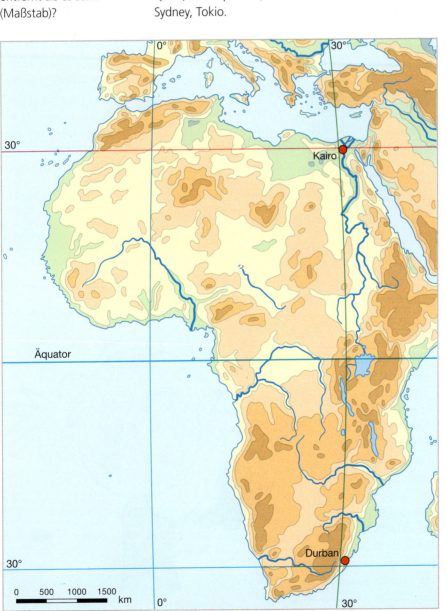

M3 *Geographische Lage von Kairo und Durban*

❼ Durch welche Kontinente und Ozeane verläuft:
a) der Äquator,
b) der Nullmeridian,
c) der Meridian 30°E,
d) der Breitenkreis 30°S.

Grundwissen/Übung

Genaue Lagebeschreibung

Für Gradnetz-Spezialisten

Wenn du dir Karten im Atlas ansiehst, erkennst du, dass nicht alle Orte am Schnittpunkt eines Breitenkreises und eines Längenkreises liegen. Das erklärt sich dadurch, dass beispielsweise die Breitenkreise je 111 km voneinander entfernt sind.

Allerdings ist es leicht möglich, die genaue Lage eines Ortes anzugeben, indem man die Grade noch einmal in kleinere Einheiten unterteilt. Diese nennt man Minuten (') (M3). Einen Längen- oder Breitengrad kann man in 60 Minuten unterteilen; und wer es ganz genau wissen möchte, kann auch noch die Minuten in je 60 Sekunden ('') unterteilen. So sind die genauen Koordinaten des Bockfelsens in der Stadt Luxemburg 49° 36' 44,93" N / 6° 08' 23,15" E.

M1 *Auswahl eines Geocaches im Internet*

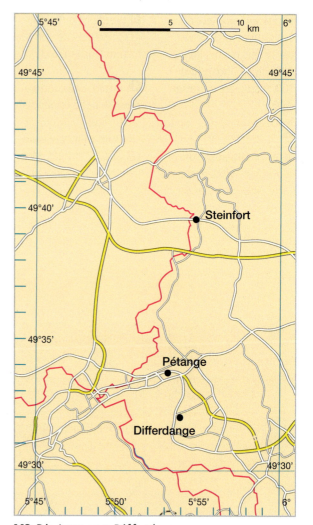

M3 *Die Lage von Differdange*

> **Geocaching** ist eine moderne Form der Schatzsuche. Dies könnt ihr auch an eurer Schule durchführen (M4–M7). Bei dem Spiel kann jeder kleine Schätze verstecken. Doch wie findet jemand anderes euren Schatz? Ganz einfach: ihr schreibt euch am Versteck (engl./franz.: cache) mithilfe eines GPS-Gerätes die exakten geographischen Koordinaten auf.
> Die Position eures Caches könnt ihr dann im Internet angeben (M1), sodass andere euer Cache mithilfe von GPS-Gerät, topographischer Karte und Kompass suchen können. In den Caches befinden sich in wasserdichten Dosen kleine Schätze und ein Logbuch, in das jeder, der einen Cache gefunden hat, seinen Namen und das Datum eintragen kann, sodass ihr genau wisst, wie viele Geocacher euren Schatz gefunden haben.

M2 *Projekt Geocaching*

Grundwissen/Übung

Projekt Geocaching – so geht ihr vor:

Für jeden Schatz braucht ihr eine wetterfeste Dose (z. B. Kaffeedose oder sauberes Marmeladenglas). Überlegt euch für eure Geocaching-Tour ein Lösungswort. Schreibt dieses in Großbuchstaben auf und schneidet die einzelnen Buchstaben auseinander. Verteilt die Buchstaben auf alle Gefäße. So kann die Gruppe, die eure Schätze sucht, nur das Lösungswort bilden, wenn sie alle Gegenstände gefunden hat.
In die Schätze könnt ihr zusätzlich noch Aufgabenzettel hineinlegen (z. B.: Bestimme drei Baumarten in der Nähe des Fundortes).

M4 *Erstellung eines Schatzes*

Beachtet beim Geocaching!
- Verlasst nie die Gruppe.
- Wechselt euch in der Gruppe ab: Eine Person nimmt das GPS-Gerät, eine andere die Karte (z. B. für das Einzeichnen des Weges), die anderen tragen die Schätze. Nach jedem Versteck wechselt ihr euch ab.
- Achtet auf den Verkehr und die Verkehrsregeln. Das GPS-Gerät lenkt leicht ab.
- Achtet auf die Umwelt. Verlasst das Versteck so, wie ihr es aufgefunden habt.

M5 *Sicherheitshinweise*

1. Startpunkt markieren: Geht zum Haupteingang eurer Schule. Setzt im GPS-Gerät den ersten Wegpunkt und nennt ihn Schule. Dies ist euer Start- und Endpunkt. Schreibt euch die Lage auf:
Schule: N: ___ (exakte geographische Koordinaten);
E: ___ (E steht für East, engl. Osten).

2. Ersten Schatz verstecken: Geht zehn Minuten in eine beliebige Himmelsrichtung. Wenn ihr es schafft, könnt ihr euren Weg in der Umgebungskarte einzeichnen. Am Ende der Zeit bleibt ihr stehen und versteckt euren ersten Schatz an einem auffälligen Ort (z. B. an einem großen Baum). Setzt genau an dem Cache in eurem GPS-Gerät euren zweiten Wegpunkt.

3. Zweiten Schatz verstecken: Lauft nun fünf Minuten in eine andere Richtung. Versteckt euren zweiten Schatz. Setzt auch hier genau an dem Cache euren dritten Wegpunkt.

Ihr könnt nun noch 2 – 3 weitere Schätze verstecken. Geht vor wie in Punkt 3.

4. Zurück zum Startpunkt: Habt ihr alle Schätze versteckt, geht ihr auf dem schnellsten Weg zum Startpunkt zurück.

5. Gerätetausch: Tauscht innerhalb eurer Klasse die GPS-Geräte und sucht die von der Gruppe markierten Caches. Wer als erstes zurück ist, hat gewonnen.

M7 *Erstellung einer Geocaching-Tour*

INTERNET
www.geocaching.com

❶ In Luxemburg gibt es nur einen einzigen Ort, an dem sich ein Breitenkreis und ein Längenkreis schneiden.
a) Um welchen Ort handelt es sich (Atlas)?
b) Bestimme die geographische Breite und die geographische Länge dieses Ortes.

❷ Bestimme mithilfe der Karte M3 die genauen Koordinaten der Stadt Differdange.

❸ Suche auf einer Atlaskarte der USA eine Stadt, die auf einem Gradnetz-Schnittpunkt liegt.

M6 *Das Versteck wurde gefunden*

Übung

Eine virtuelle Weltreise

Ein Partner- oder Gruppenspiel
Wie gut kennst du die Welt? Mt. Everest, der höchste Berg, na klar! Aber in welchem Gebirge und in welchem Land liegt er? Und liegt Tansania in Südamerika oder Afrika? Dieses Spiel hilft dir, die Erde kennenzulernen.

Du benötigst
- 1 Spielfigur
- 1 Atlas pro Spielerin bzw. Spieler
- 2 Würfel
- 1 Uhr

Anleitung
Es wird mit einem Würfel gewürfelt und die Spielfigur der Augenzahl entsprechend vorgerückt.
Kommt eine Spielerin oder ein Spieler auf ein Aufgabenfeld (?) oder Aktionsfeld (A), würfelt er oder sie mit zwei Würfeln die Aufgaben- oder Aktionsnummer aus.
Die den Würfelaugen entsprechende Aufgabe oder Aktion wird laut vorgelesen. Zur Beantwortung hat man 1 Minute und 30 Sekunden Zeit. Es darf der Atlas benutzt werden. Schafft man es, die Aufgabe ohne die Hilfe des Atlas zu lösen, darf man noch einmal würfeln.
Die Mitspielerinnen und Mitspieler überprüfen mit ihren Atlanten die Antwort. Bei falscher Antwort muss die Spielerin oder der Spieler einmal aussetzen.

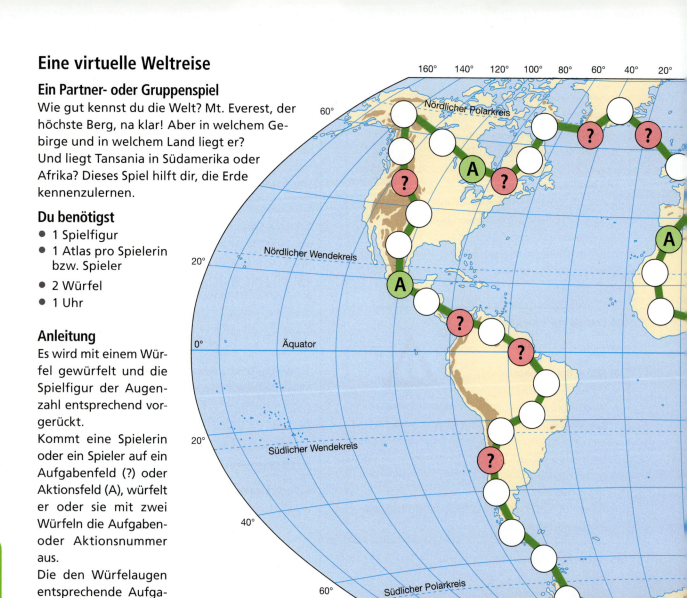

Werdet zu Spielgestaltern!
Erstellt in Kleingruppen neue, andere Aufgaben und Aktionen und schreibt diese auf kleine Kärtchen. In der Klasse tauscht ihr nach der Erstellung zwischen den Gruppen die Karten, sodass jede Gruppe neue Aufgaben und Aktionen erhält.

? – 2
Nenne alle sieben Kontinente.

? – 3
Nenne drei große Flüsse auf drei verschiedenen Kontinenten.

? – 4
Nenne drei Berge auf drei unterschiedlichen Kontinenten, die höher als 4 000 m ü.M. sind.

? – 5
Nenne drei Länder deiner letzten zehn Spielfelder.

? – 6
Nenne vier große Gebirge auf vier verschiedenen Kontinenten.

? – 7
Nenne mindestens fünf afrikanische Länder, die sich auf der Nordhalbkugel befinden.

A – 4	Du hast Fieber. 1 x aussetzen.
A – 5	Wenn du ohne Atlashilfe drei Wüsten nennen kannst, darfst du noch 1 x würfeln.
A – 6	Wenn du ohne Atlashilfe vier Kontinente mit je drei Ländern auf ihnen nennen kannst, darfst du noch 1 x würfeln.
A – 7	Du hast einen Sonderzug erwischt. Noch 1 x würfeln.
A – 8	Wenn du ohne Atlashilfe acht europäische Länder mit ihren Hauptstädten nennen kannst, darfst du noch 1 x würfeln.
A – 9	Du willst die Polarlichter sehen. Reise nach Grönland (Nordhalbkugel, 40° W).
A – 10	Reise zur Straße von Gibraltar und blicke von Europa auf Afrika.
A – 11	Wenn du ohne Atlashilfe drei große Flüsse auf drei unterschiedlichen Kontinenten nennen kannst, darfst du noch 1 x würfeln.
A – 12	Wenn du ohne Atlashilfe drei außereuropäische Gebirge nennen kannst, darfst du noch 1 x würfeln.

PROJEKT

? – 8 Nenne die Länder, auf denen die nächsten zehn Spielfelder liegen.

? – 9 Nenne fünf Millionenstädte auf fünf unterschiedlichen Kontinenten.

? – 10 Wie heißt die Südspitze Afrikas, die so schwer zu umsegeln ist?

? – 11 Nenne drei Flüsse oder die Gebirge, die du auf den letzten sieben Feldern überquert hast.

? – 12 Welche Insel wird gesucht? Sie ist durch Vulkane entstanden und liegt im Atlantischen Ozean bei ungefähr 20° W.

A – 2 Du hast eine Reise zum Kap der guten Hoffnung gewonnen. Fliege sofort dorthin und setze deine Reise dort fort.

A – 3 Du hilfst in Äthiopien als Entwicklungshelfer. Reise dorthin und setze dort 1 x aus.

Übung

Gewusst – Gekonnt

1. Astronautenquiz

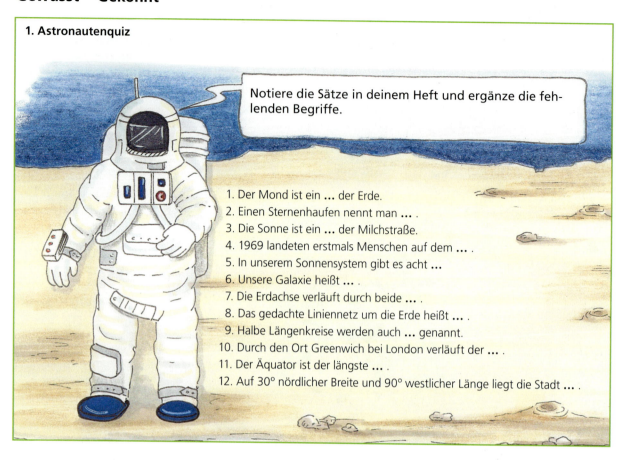

Notiere die Sätze in deinem Heft und ergänze die fehlenden Begriffe.

1. Der Mond ist ein ... der Erde.
2. Einen Sternenhaufen nennt man ... .
3. Die Sonne ist ein ... der Milchstraße.
4. 1969 landeten erstmals Menschen auf dem ... .
5. In unserem Sonnensystem gibt es acht ... .
6. Unsere Galaxie heißt ... .
7. Die Erdachse verläuft durch beide ... .
8. Das gedachte Liniennetz um die Erde heißt ... .
9. Halbe Längenkreise werden auch ... genannt.
10. Durch den Ort Greenwich bei London verläuft der ... .
11. Der Äquator ist der längste ... .
12. Auf 30° nördlicher Breite und 90° westlicher Länge liegt die Stadt ... .

2. Verdrehte Kontinente

Finde die Namen der sieben Kontinente und schreibe sie in deinen Ordner.

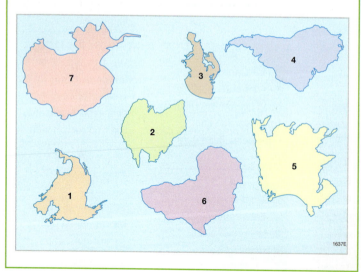

3. Schiffbruch

a) Ein Schiff sinkt und funkt das internationale Notsignal SOS. Seine Position während des Schiffbruchs ist 20° N und 40° W.
Bestimme die Position auf der Weltkarte.

b) Zwei andere Schiffe empfangen das Notsignal. Sie haben folgende Positionen:
1. Schiff: 20° N, 20° W.
2. Schiff: 20° S, 20° W.
Zeige die Position der beiden Schiffe auf einer Weltkarte.
Gib an, welches der beiden Schiffe näher bei dem sinkenden Schiff an der Unglücksstelle ist.

4. Teste dich selbst!

Umkreise die Buchstaben der richtigen Antwort. In der richtigen Reihenfolge ergeben sie ein Lösungswort.

1) Der Äquator teilt die Erde …
a) in eine Ost- und eine Westhalbkugel 3 – K
b) in eine Nord- und eine Südhalbkugel 3 – N

2) Ein Mond …
a) umkreist die Sonne 4 – T
b) umkreist einen Planeten 4 – U

3) Beim heliozentrischen Weltbild …
a) steht die Erde im Mittelpunkt des Weltalls 1 – A
b) steht die Sonne im Mittelpunkt des Weltalls 1 – V

4) Die Erde umkreist in einem Jahr …
a) einmal den Mond 5 – T
b) einmal die Sonne 5 – S

5) Der längste Breitenkreis …
a) ist der Äquator 2 – E
b) ist der Greenwich-Meridian 2 – A

5. Wer kennt das Sonnensystem?

a) Ordne den Ziffern in der Zeichnung die Namen der Planeten zu.
b) Ergänze die fehlenden Wörter:
Die Erde ist ein Planet der … .
Der Mond ist ein … der Erde.
Die Sonne ist ein Stern der … .

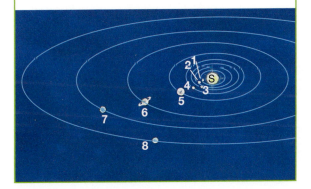

6. Buchstabenrätsel

In dem Buchstabengewirr sind die Namen von drei Kontinenten und zwei Ozeanen versteckt. Du findest sie in den waagerechten, diagonalen und senkrechten Spalten.

E	R	D	H	L	I	P	B	D	A	J
O	U	A	M	E	R	I	K	A	I	G
G	K	R	T	R	U	G	S	G	B	M
W	K	L	O	E	U	I	O	P	D	
K	V	F	F	P	A	Z	I	F	I	K
R	E	U	I	F	A	N	R	Z	U	F
I	D	W	J	L	P	C	T	Y	S	J
W	A	U	S	T	R	A	L	I	E	N
R	Z	U	I	O	L	F	D	G	K	S
R	U	I	O	A	F	D	W	T	Z	R

7. Wer vertrat welche Meinung?

Ordne die Namen den Aussagen zu.

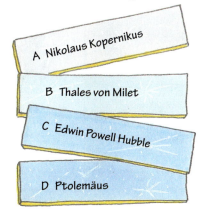

A Nikolaus Kopernikus
B Thales von Milet
C Edwin Powell Hubble
D Ptolemäus

1. Die Sonne ist der Mittelpunkt des Weltalls und die Erde ist ein Planet der Sonne.
2. Die Sonne ist nur ein winziger Stern in der Milchstraße. Die Milchstraße ist nur eine von 100 Mrd. Galaxien im Weltall.
3. Die Erde ist eine Kugel. Sie steht unbeweglich im Mittelpunkt des Weltalls. Die Sonne, der Mond und die Sterne drehen sich auf kreisförmigen Bahnen um die Erde.
4. Die Erde ist eine flache Scheibe, die auf einer Wasseroberfläche schwimmt, mit einem hohen Berg im Norden, hinter dem nachts die Sonne verschwindet.

Eine Weltkarte zeichnen

Die Karte der „Rekorde der Erde" – ein Klassenschmuck

Ihr sollt selbst eine Karte wie in M4 anfertigen, allerdings in der Größe eines Plakats zum Aufhängen. Wenn ihr wisst, wie es geht, könnt ihr auch andere Themen (nicht nur die Rekorde), die im Unterricht behandelt werden, in einer solchen Karte veranschaulichen.

Das braucht ihr:
- Overheadprojektor
- Weltkarte im Atlas zum Durchpausen
- Folie
- wasserlöslicher Folienstift zum Zeichnen der Karte auf Folie
- helle Pappe oder ein Stück Tapetenrolle (z. B. 80 x 60 cm)
- Klebestreifen zum Befestigen der Pappe an der Wand oder Tafel
- schwarze Filzstifte zum Nachzeichnen der Weltkarte
- farbige Filzstifte zum Einzeichnen der Rekorde
- Wasserfarben/Pinsel

Ein Tipp:
Zeichnet die Rekorde nicht direkt in die Karte, sondern auf Papier und schneidet sie aus. Steckt sie dann mit Pinnnadeln auf die Karte.
So könnt ihr die Weltkarte auch noch für andere Themen im Unterricht verwenden.

> Legt das benötigte Material bereit. Dann geht es los.
> 1. Übertragt eine Weltkarte aus dem Atlas auf die Folie. Zeichnet die Umrisse der Kontinente nur grob nach.
> 2. Befestigt helle Pappe mit Klebestreifen an der Wand oder an der Tafel.
> 3. Legt die Folie auf den Overheadprojektor und bildet die Karte auf der Pappe ab. Zeichnet die Umrisse der Kontinente mit einem schwarzen Filzstift nach.
> 4. Färbt das Meer hellblau ein.
> 5. Zeichnet nun die Rekorde ein und beschriftet sie.

M2 *Anleitung zum Zeichnen einer Weltkarte*

M1 *Der Trick mit dem Overheadprojektor*

Rekorde der Erde

Spitzenleistungen gibt es nicht nur im Sport. Auch unsere Erde kann solche Rekorde bieten.
Immer wieder wird in einem Rätsel oder bei einem Quiz nach dem höchsten Berg oder dem längsten Fluss gefragt. Hier sind einige Rekorde aufgelistet:

❶ Ordne die „TOP 13 der Erde" den Kontinenten zu. Beginne so: Das Gebirge mit den höchsten Bergen liegt in A … .

Die TOP 13 der Erde

Das Gebirge mit den höchsten Bergen:	Himalaya
Der höchste Berg:	Mount Everest (8846 m)
Die tiefste Meeresstelle:	Witjas-Tief im Marianengraben (-11 034 m)
Die tiefste Stelle der Landoberfläche:	am Toten Meer (-418 m)
Der höchstgelegene schiffbare See:	Titicacasee (3812 m)
Das längste Gebirge:	Rocky Mountains/Anden (14 000 km)
Der längste Fluss:	Nil (6671 km)
Der tiefste See:	Baikalsee (1637 m)
Die größte Insel:	Grönland (2,16 Mio. km²)
Die größte Halbinsel:	Arabien (3 Mio. km²)
Der größte Kontinent:	Asien (44 Mio. km²)
Der größte See:	Kaspisches Meer (386 500 km²)
Der höchste aktive Vulkan:	Cotopaxi (5897 m)

M3

M5 *Der Mount Everest*

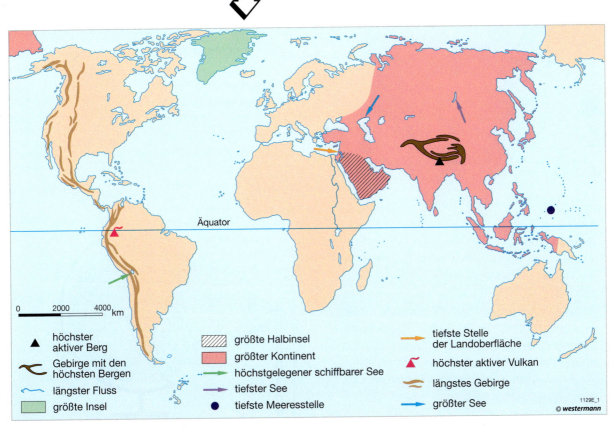

M4 *Karte der Rekorde der Erde*

Übung

PROJEKT

Die Bewegungen der Erde und ihre Folgen

Erdrotation – die Drehung der Erde um sich selbst

Die Erde dreht sich in 24 Stunden einmal um ihre eigene Achse (**Erdrotation**), von West nach Ost. Durch die Kugelgestalt der Erde wird immer nur eine Hälfte vom Licht der Sonne bestrahlt (M1 und M2). Dort ist dann Tag. Die andere Hälfte liegt im Dunkeln. Dort ist Nacht.

Jede Zone hat ihre Zeit

Wenn bei uns Vormittag ist, dann ist in Bombay Nachmittag, in Tokio ist es schon dunkel und in San Francisco noch tiefe Nacht (M1). Damit es im täglichen Leben nicht zu Verwirrungen kommt, haben sich die Länder der Erde auf 24 große **Zeitzonen** geeinigt (M4). So liegt beispielsweise Luxemburg in der Mitteleuropäischen Zeit (MEZ), hier ist es eine

M2 *Tag- und Nachtgrenze*

Stunde später als die geltende Weltzeit (UTC = Universal coordinated time = ehemalige GMT = Greenwich Mean Time). Von Ende März bis Ende Oktober gilt bei uns die Sommerzeit (MEZ +1 Stunde), damit es abends länger hell bleibt.

INTERNET
www.fourmilab.ch/cgi-bin/uncgi/Earth

M1 *Zur gleichen Zeit auf der Erde*

Benötigte Materialien:
- Globus
- Projektor/Taschenlampe
- Verdunklung im Raum

Der eingeschaltete Projektor soll die Sonne darstellen und der Globus die Erde.

Drehe den Globus von Westen nach Osten (entgegen dem Uhrzeigersinn, wenn du von oben schaust) und beobachte die Veränderung der Beleuchtungsverhältnisse.

INFO Zeitzone

Zeitzonen sind festgelegte Bereiche der Erde mit derselben Ortszeit und demselben Datum. Sie verlaufen meistens entlang der Längengrade. Die Zeitzonen sind meistens so eingeteilt, dass der Sonnenhöchststand um die Mittagszeit ist. Bei der Festlegung der Zeitzonen wurde allerdings darauf geachtet, dass ihre Grenzen möglichst entlang von Ländergrenzen verlaufen. Manche Länder wie zum Beispiel Russland oder die USA sind aber so groß, dass dies nicht möglich war.

M3 *Tag und Nacht Experiment*

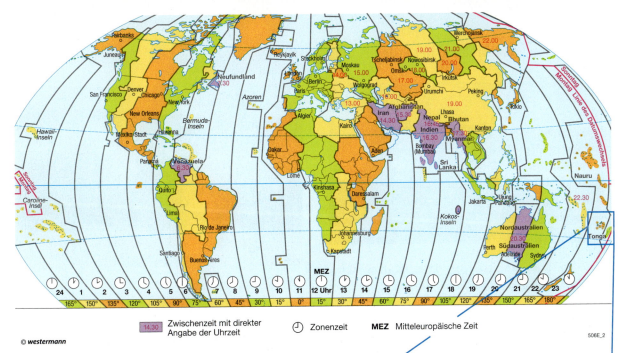

M4 *Die 24 Zeitzonen der Erde (schematisch)*

Urlaub an der Datumsgrenze

Silvester oder schon Neujahr?

Fast die gleiche Uhrzeit, aber zwei andere Tage: Niue und Tonga im Pazifischen Ozean liegen auf verschiedenen Seiten der **Datumsgrenze**. So kommt es, dass Reiseveranstalter anbieten können, zweimal innerhalb von zwei Tagen das neue Jahr zu feiern. Zunächst wird auf Tonga Silvester gefeiert. Nach dem Neujahrsfrühstück fliegt man dann von Tonga auf die etwa 600 km entfernte Insel Niue und kommt dort wieder am Silvestertag an. Man hat die Datumsgrenze überflogen. Würde man umgekehrt starten, würde man leider den Jahreswechsel verpassen. Touristen nutzen diese Lage an der Datumsgrenze manchmal auch, um zweimal ihren Geburtstag zu erleben.

M5 *An der Datumsgrenze*

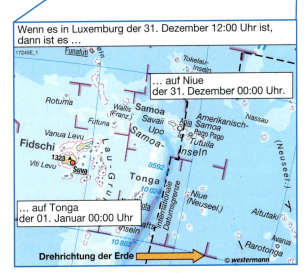

M6 *Jahreswechsel in der Südsee*

❶ Führe das Tag-Nacht-Experiment durch.
a) Erkläre wie Tag und Nacht entstehen.
b) Suche die Städte Kalkutta und Caracas (Atlas). In welcher der beiden Städte geht die Sonne auf und in welcher unter, wenn es am Nullmeridian 12 Uhr Mittag ist?

❷ In Luxemburg ist es 8.00 Uhr. Wie spät ist es dann in Sydney und Quito (M4)?

❸ a) Suche Sardinien in M2 (Atlas).
b) Ermittle für die Situation in M2, ob es in Sardinien gerade hell oder dunkel wird (Atlas).

❹ Erkläre, warum es eine Datumsgrenze auf der Erde gibt.

❺ Wie kann GeoPol zweimal Sylvester feiern (M5, M6)?

❻ Über wie viele Zeitzonen erstreckt sich Kanada (M4)?

Grundwissen/Übung

Erdrevolution – die Drehung der Erde um die Sonne

M1

M2

M3

M4

Wie entstehen die Jahreszeiten?
In unseren Breiten gibt es außer den Tageszeiten auch noch die Jahreszeiten. Auch sie hängen mit der Bestrahlung der Erde durch die Sonne und mit der Bewegung der Erde zusammen.
Diese dreht sich mit einer Geschwindigkeit von 30 km/s in 365 Tagen und sechs Stunden einmal um die Sonne (**Erdrevolution**, M7). Da der Kalender aber nur 365 Tage zählt, fügen wir alle vier Jahre einen Tag (also 4 x 6 Stunden) hinzu, den 29. Februar. Man spricht dann von einem **Schaltjahr**.
Die Erdachse ist immer um 23,5° in die gleiche Richtung geneigt (siehe M2 S. 40 und M7). Dadurch werden Teile der Erde von der Sonne mal länger und intensiver, mal kürzer und weniger intensiv und mal gar nicht bestrahlt.

Sommerbeginn auf der Nordhalbkugel
Am 21. Juni ist der Nordpol am stärksten zur Sonne geneigt. Die Nordhalbkugel wird stärker und länger von der Sonne beschienen. Bei uns beginnt der Sommer und der Nordpol hat schon seit drei Monaten **Polartag** (siehe S. 60 M2/M3). Bei uns sind die Tage jetzt am längsten (M5) und die Sonnenstrahlen haben viel Zeit, die Erdoberfläche zu erwärmen. Die Sonnenenergie wird zudem auf eine kleine Fläche verteilt und kann somit die Erdoberfläche stark erwärmen (M6).

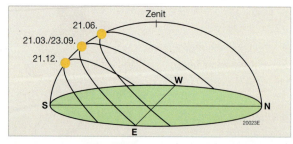
M5 *Tagbogen der Sonne in den vier Jahreszeiten in Luxemburg*

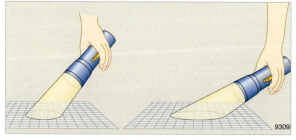
M6 *Versuch – Einfallswinkel der Sonnenstrahlen im Sommer und im Winter*

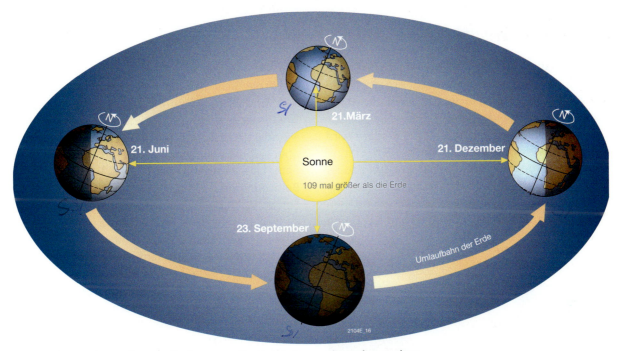

M7 *Die Bahn der Erde um die Sonne – die Entstehung der Jahreszeiten*

Winterbeginn auf der Nordhalbkugel

Am 21. Dezember ist der Südpol mehr zur Sonne geneigt. Die Südhalbkugel wird jetzt intensiver und länger von der Sonne beschienen. Der Einfallswinkel der Sonnenstrahlen ist dort nun auch größer – es beginnt der Sommer. Auf der Nordhalbkugel ist jetzt Winter, und am Nordpol herrscht jetzt **Polarnacht**.

Auch bei uns in Luxemburg sind jetzt die Tage sehr kurz. Der Einfallswinkel der Sonnenstrahlen ist spitz, denn die Sonne steht tief (M6). Es ist kalt. Am 21. März (Frühlingsanfang) und am 23. September (Herbstanfang) werden beide Halbkugeln gleich lang und gleich stark von der Sonne beleuchtet. Deshalb ist es im Frühling und im Herbst auch etwa gleich warm. An diesen beiden Tagen haben wir Tag- und Nachtgleiche (M5, M7).

Woher haben die Wendekreise ihre Namen?

Am 21.6. wird der Breitenkreis 23,5° N, der sogenannte nördliche Wendekreis, um 12 Uhr mittags senkrecht von oben beschienen; man sagt, die Sonne steht im Zenit. Jetzt wendet die Sonne scheinbar in ihrem Lauf und steht am 21.12. über dem Breitenkreis 23,5° S, dem südlichen Wendekreis, um 12 Uhr im Zenit (M8).

Nun wendet die Sonne ihren Lauf scheinbar wieder nach Norden. Am 21.3. und am 23.9. steht sie jeweils über dem Äquator im Zenit. Dort gibt es keine Jahreszeiten.

❶ Betrachte M7.
a) Hier stehen vier Datumsangaben. Welchen Jahreszeiten entsprechen sie in Luxemburg?
b) Ordne M1 – M4 den Daten in M7 zu.

❷ Beschreibe, wie Sommer und Winter auf der Nordhalbkugel entstehen.

❸ Erkläre den Begriff Wendekreis.

❹ Warum gibt es am Äquator keine Jahreszeiten?

❺ a) Auf welcher Breite steht die Sonne im Zenit (M7, M8)
• am 21. März,
• am 21. Juni,
• am 23. September,
• am 21. Dezember?
b) Welche Jahreszeiten beginnen an diesen Tagen auf der:
• Nordhalbkugel,
• Südhalbkugel?

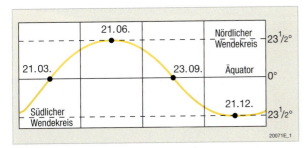

M8 *Zenitstand der Sonne*

Grundwissen / Übung

Die Bewegungen des Mondes und die Folgen

So wie sich die Erde in 365 Tagen und sechs Stunden einmal um die Sonne dreht, bewegt sich der Mond in etwa 27,3 Tagen einmal um die Erde. Er zeigt uns dabei immer die gleiche Seite.

Der Mond leuchtet nicht von selbst, sondern wird von der Sonne angestrahlt. Durch die Erdrotation scheint dabei der Mond für uns auf- und unterzugehen. Je nachdem, wie Sonne, Mond und Erde zueinander stehen, entstehen die verschiedenen Mondphasen (M1, Atlas). Vollmond und Neumond wechseln sich alle zwei Wochen ab.

Der Vollmond entsteht, wenn man von der Erde aus freie Sicht auf die beleuchtete Mondhälfte hat. Zu diesem Zeitpunkt kann auch eine **Mondfinsternis** entstehen (M2, M8), das heißt der Mond ist vom Schatten der Erde verdeckt. Dies ist aber nur möglich, wenn die drei Gestirne sich auf einer Linie befinden.

Bei Neumond steht der Mond zwischen Erde und Sonne. Wir können ihn nicht sehen, da wir auf seine Nachtseite sehen. Da die Sonne den Mond bescheint, kann dieser einen Schatten auf die Erde werfen und so eine **Sonnenfinsternis** verursachen, das heißt, der Mond verdeckt die Sonnenscheibe teilweise oder ganz (M3, M7). Die Wahrscheinlichkeit, eine totale Sonnenfinsternis zu erleben, ist sehr gering. Dafür muss der Kernschatten (nur etwa 270 km Durchmesser!) des Mondes die Erde treffen, was nur ungefähr zweimal im Jahr der Fall ist. Für den südlichen Teil von Luxemburg war dies am 11. August 1999 der Fall.

M1 *Mondphasen*

> **INFO Ebbe und Flut**
>
> Die Gezeiten (Ebbe und Flut) entstehen durch die Anziehungskraft des Mondes auf die Wassermassen der Ozeane. Auf der dem Mond zugewandten Seite entsteht ein Wasserberg. Durch die Fliehkraft, die bei der Drehung der Erde um sich selbst ausgelöst wird, entsteht zudem ein weiterer Wasserberg auf der gegenüberliegenden Seite (M4). Diese Anziehungskraft ist besonders stark bei Vollmond und Neumond. Dann entstehen sogenannte **Springtiden**.

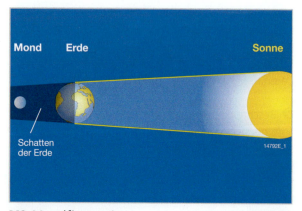

M2 *Mondfinsternis*

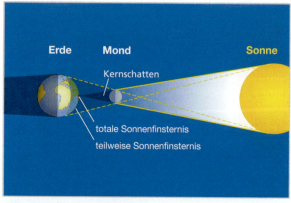

M3 *Sonnenfinsternis*

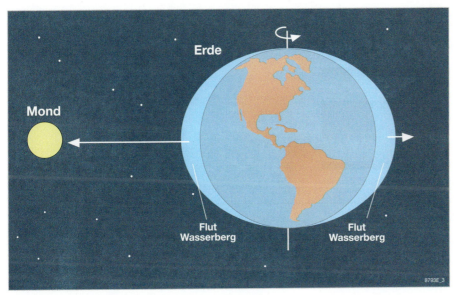

M4 *Der Einfluss des Mondes auf die Gezeiten*

M7 *Sonnenfinsternis*

M8 *Mondfinsternis*

M5 *Der Mont Saint Michel bei Ebbe ...*

M6 *... und Flut*

❶ Suche im Internet.
a) Wann und wo findet die nächste Sonnenfinsternis statt?
b) Wann findet in Luxemburg die nächste Sonnenfinsternis statt?
c) Wie viele Mondfinsternisse gibt es in einem Jahr in Luxemburg?

❷ Erkläre den Unterschied zwischen einer totalen und einer partiellen Sonnenfinsternis.

❸ Erkundige dich,
a) wie lange eine totale Sonnenfinsternis dauert (Internet) und
b) warum man diese nicht mit bloßem Auge betrachten soll (Internet).

❹ Erkundige dich, wie oft Ebbe und Flut pro Tag an den europäischen Küsten stattfinden.

❺ Warum sind die Gezeiten zum Beispiel am Mittelmeer kaum bemerkbar?

❻ In welchen beiden Mondphasen ist der Unterschied zwischen Ebbe und Flut am geringsten?

❼ Erkläre, wie die Mondphasen zustande kommen.

❽ Wie stellt man fest, ob der Mond zunehmend oder abnehmend ist?

Grundwissen / Übung

Gewusst – Gekonnt

1. Einfallswinkel der Sonnenstrahlen / Erwärmung

Übertrage die Tabelle in dein Heft und fülle sie mithilfe von M1 aus. Einzusetzende Begriffe sind: rechtwinklig, kleiner, schwächer, spitz, größer, stärker

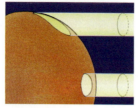

M1

	Äquatorialregion	Polregion
Einfallswinkel		
Erwärmte Fläche		
Erwärmung		

2. Dauer von Tag und Nacht

1. Übertrage die Tabelle in dein Heft. Setze ein: Tag < Nacht, Tag > Nacht, Tag = Nacht, Polartag, Polarnacht (M3 und S. 56/57 M5/M7).
2. In M2 wird die Sonnenbahn am Nordkap dargestellt.
a) Warum ist die Sonne immer zu sehen?
b) Wie sieht es hier im Dezember aus?
c) Ordne die Tageszeiten sowie die Begriffe Norden, Süden, Westen und Osten den Bildabschnitten in M2 zu.
3. Ordne folgende Gebiete den Balken 1–4 in M4 richtig zu: Luxemburg, Südpol, Nordpol, Küste der Antarktis.

	21.6	21.3. und 23.9.	21.12.
Nordpol			
Nordhalbkugel			
Äquator			
Südhalbkugel			
Südpol			

M2

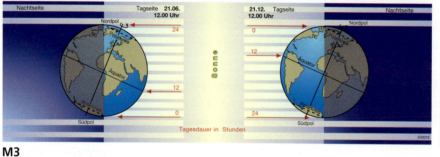

M3

	Dauer des Polartages	Dauer der Polarnacht
Nordpol	186 Tage*	179 Tage*
Kap Barrow	76 Tage	69 Tage
Inuvik	54 Tage	48 Tage
Polarkreis	1 Tag	1 Tag

* Auf Grund der unregelmäßigen Form der Erde ist es nicht genau ein halbes Jahr.

M4

3. Konsequenzen der Beleuchtungsverhältnisse

In M5 sind hell erleuchtete Gewächshäuser zu sehen.

a) Zu welchem Zeitpunkt wurde die Aufnahme vermutlich gemacht? Begründe deine Vermutung.
b) Überlege, welche Auswirkung die Beleuchtungsverhältnisse der Polarzone auf den Stromverbrauch haben.
c) Vergleiche den Stromverbrauch der Länder untereinander (M6).

M5 *Beleuchtete Gewächshäuser in Tromsø, Norwegen*

Land	Stromverbrauch pro Kopf in kWh 2008 (Rang)
Island	50067 (1.)
Norwegen	24867 (2.)
Finnland	16350 (5.)
Schweden	14869 (7.)
Deutschland	7149 (23.)
(Quelle: Weltbank)	

M6 *Stromverbrauch pro Kopf*

4. Der Mond und die Gezeiten

Beschreibe den Ablauf der Gezeiten und berechne den Zeitunterschied zwischen Hochwasser und Niedrigwasser.

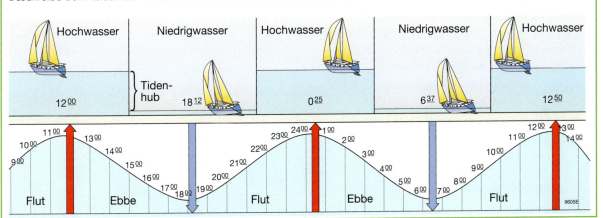

5. Experiment zu den Bewegungen der Erde

Führt das Experiment in der Klasse durch.

Benötigtes Material:
Overheadprojektor, Globus, Orange (stellt den Mond dar)

Durchführung:

Der Raum wird verdunkelt. Ein Schüler umrundet den eingeschalteten Projektor mit dem in die gleiche Richtung geneigten Globus und stellt den 21. März, den 21. Juni, den 23. September und den 21. Dezember nach. Beobachtet jeweils genau, welche Teile des Globus beleuchtet sind, das heißt welche Teile „der Sonne" zugewandt sind. Was geschieht mit den Beleuchtungsverhältnissen an Nord- und Südpol, wenn der Globus sich um die eigene Achse dreht?

Ein anderer Schüler stellt Vollmond, Neumond sowie eine Sonnenfinsternis und eine Mondfinsternis nach.

Übung

Wetter und Klima

Wetter- und Klimarekorde der Erde

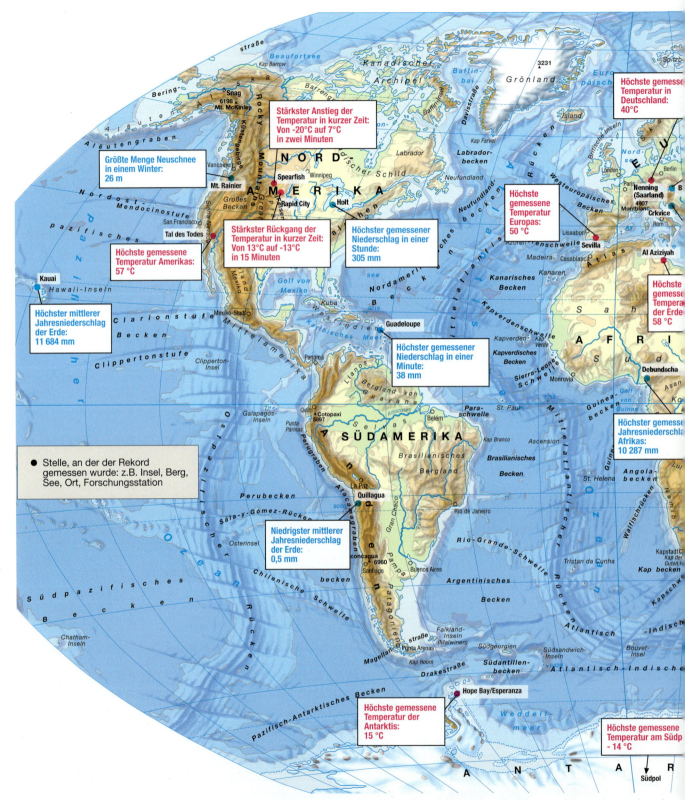

M1 *Weltkarte der Klimarekorde (Temperaturrekorde sind rot, Niederschlagsrekorde blau und sonstige Rekorde*

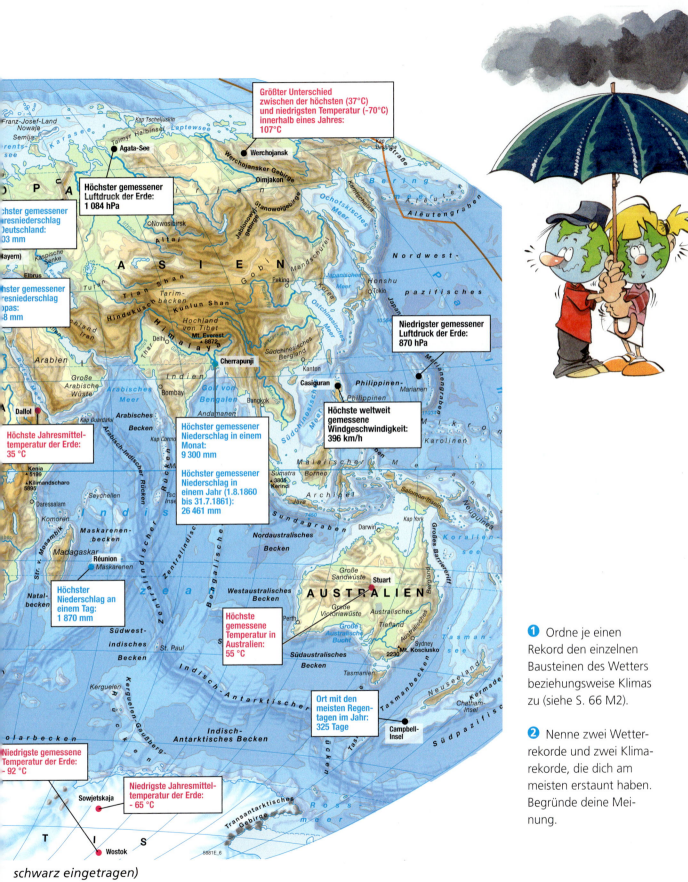

❶ Ordne je einen Rekord den einzelnen Bausteinen des Wetters beziehungsweise Klimas zu (siehe S. 66 M2).

❷ Nenne zwei Wetterrekorde und zwei Klimarekorde, die dich am meisten erstaunt haben. Begründe deine Meinung.

Wetter und Klima

Grundwissen/Übung

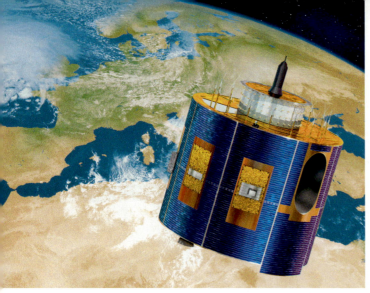

M1 *Wettersatellit Meteosat*

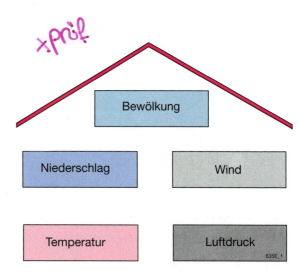

M2 *Wetterelemente – die Bausteine des Wetters*

Bausteine des Wetters

Heiter bis wolkig – Regen und Sonnenschein

Täglich informieren sich viele Menschen im Fernsehen, in Zeitungen oder im Internet über das Wetter. **Wettersatelliten** (M1) liefern dafür Daten, vor allem über die Bewegungen der Luftmassen.

Das Wetter kann mehrere Tage gleich bleiben, sich aber auch innerhalb von Minuten ändern. Dafür sind die Bausteine des Wetters, Wetterelemente genannt, verantwortlich (M2). Mit ihrer Hilfe lässt sich das Wetter gut beschreiben. Die Aussagen über das Wetter beziehen sich immer nur auf einen bestimmten Ort und einen bestimmten Zeitpunkt.

Im Folgenden wollen wir die Bausteine, die unser Wetter bestimmen, näher untersuchen.

> **INFO Wetter**
> Das Wetter ist der Zustand der Atmosphäre zu einem bestimmten Zeitpunkt an einem bestimmten Ort. Dieser Zustand ergibt sich aus dem Zusammenwirken der Wetterelemente Temperatur, Niederschlag, Bewölkung, Wind und Luftdruck.

> **INFO Merkmale der Troposphäre**
> Die Atmosphäre ist die Lufthülle, die die Erde umgibt. Sie besteht aus verschiedenen Schichten. Die unterste Schicht ist die Troposphäre mit einer durchschnittlichen Höhe von zwölf Kilometern. In der Troposphäre spielt sich das gesamte Wettergeschehen ab.

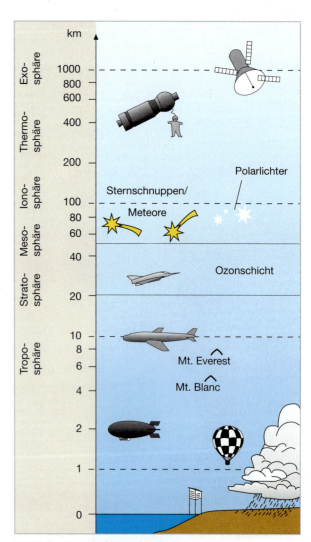

M3 *Die Atmosphäre der Erde*

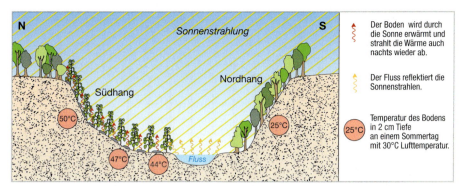

M4 *Sonneneinstrahlung und Bodentemperaturen in zwei Zentimeter Tiefe in einem Flusstal bei 30 °C Lufttemperatur*

M6 *Warum liegt nur auf einer Dachhälfte Schnee?*

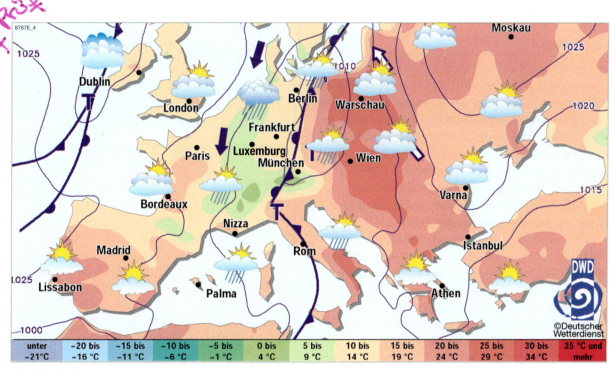

M5 *Wetterkarte*

❶ Erkundige dich, wie moderne Wettervorhersagen entstehen (M1). Suche eine Wetterstation in deiner Gegend. Nutze dazu das Internet.

❷ a) Besorge dir eine Europa-Wetterkarte entweder aus einer Tageszeitung oder von der Internetseite des Deutschen Wetterdienstes www.dwd.de (Rubrik „Wetter und Warnungen", Europawetter). Klebe diese Karte mit Legende in dein Heft.
b) Nenne die Wetterelemente auf der Wetterkarte. Siehe auch M5.
c) Beobachte Wolken und Windrichtung. Welche Aussagen kannst du über das Wetter von Luxemburg machen?

❸ a) Bestimme anhand von M3, in welchem Teil der Atmosphäre sich das Wettergeschehen vor allem abspielt.
b) Bestimme die Höhe dieser Schicht. In welcher Höhe befinden sich die erdnahen Satelliten?

❹ Beschreibe M4 (Moseltal) und erkläre, wie die Sonneneinstrahlung die Bodentemperatur beeinflusst. Denke an den Weg der Sonne am Horizont.

❺ Beschreibe und erkläre M6 anhand der vorherigen Aufgabe. Was kannst du feststellen?

Grundwissen/Übung

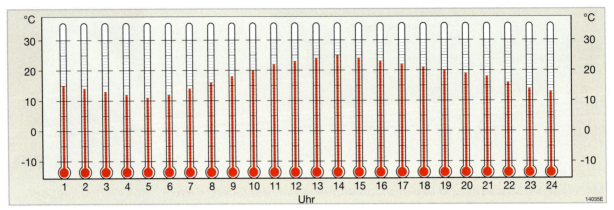

M1 *Die Lufttemperatur an einem Tag.*

Die Lufttemperatur

„Gudden Owend, dir Damen an dir Hären. Muer kënnt waarm Loft aus dem Mëttelmierraum op Lëtzebuerg. D'Temperaturen klammen an et gëtt méi waarm…" Wenn in der Wettervorhersage im Fernsehen über die **Temperatur** berichtet wird, ist damit die Lufttemperatur (T°C) gemeint (M1, M2). Diese wird im Schatten in einer Höhe von zwei Metern über dem Boden gemessen. Das Messinstrument ist das **Thermometer** (M7). Der Wert wird in °C (**Grad Celsius**) angegeben und sagt uns, wie warm oder kalt die uns umgebende Luft (M2) ist.

Die Meteorologen messen überall auf der Welt mehrmals am Tag die Temperatur. Berechnet werden die Tagesmittel-, die Monatsmittel- und die Jahresmitteltemperatur (M3).

Diese Durchschnittswerte (Tages-, Monats-, Jahresmitteltemperaturen) eines Ortes ändern sich von Jahr zu Jahr. In einem warmen Winter liegen die Monatsmitteltemperaturen höher als in einem kalten Winter. Solche Schwankungen der Mittelwerte sind immer wieder festzustellen.

Außerdem berechnet man den Unterschied zwischen dem kältesten und dem wärmsten Monat. Dieser Wert gibt die jährliche Temperaturschwankung (Jahresamplitude der T°C) an.

> **Wie errechnet man Mitteltemperaturen?**
>
> **Tagesmittel:** Meteorologen messen stündlich die Temperatur. Sie addieren die Messwerte und teilen die errechnete Zahl durch 24, denn ein Tag hat 24 Stunden. So erhalten sie das Tagesmittel der Temperatur.
>
> **Monatsmittel:** Aus den Tagesmitteln errechnet man das Monatsmittel. Zuerst zählt man alle Tagesmitteltemperaturen eines Monats zusammen. Danach teilt man die Zahl durch die Anzahl der Tage des Monats (31, 30, 28 oder 29).
>
> **Jahresmittel:** Aus den zwölf Monatsmitteln errechnet man das Jahresmittel. Zuerst zählt man alle Monatsmitteltemperaturen zusammen. Danach teilt man die Zahl durch die Anzahl der Monate (12).

M3 *Temperaturen berechnen*

M2 *Licht- und Wärmestrahlen*

> **INFO Grad Celsius (°C)**
> Bei uns wird die Temperatur in Grad Celsius (°C) gemessen. Anders Celsius (1701–1744) war ein schwedischer Wissenschaftler. Er hat die Thermometerskala in 100 Grad eingeteilt und sich dabei am Verhalten des Wassers orientiert. Bei 0 °C gefriert das Wasser zu Eis, bei 100 °C siedet es und wird zu Wasserdampf. Zu beachten ist allerdings, dass das Wasser bei zunehmender Höhe schon bei niedrigeren Temperaturen siedet.

	Mo	Di	Mi	Do	Fr	Sa	So
Temperatur in °C	16	17	20	21	21	19	17
Bewölkung	☁	☀	☀	☀	☀	⛅	☁

M4 *Max hat die Temperatur jeden Tag um 14 Uhr aufgeschrieben. Er hat auch beobachtet, ob es wolkig war oder nicht.*

M7 *Thermometer*

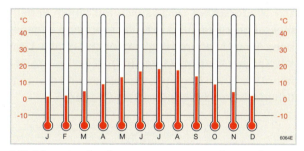

M5 *Monatsmitteltemperaturen von Luxemburg*

M6 *Wetterstation*

❶ a) Lies die Temperaturen in M1 ab. Beschreibe den Verlauf der T°C innerhalb von 24 Stunden.
b) Wann ist die T °C am höchsten und wann am niedrigsten? Suche nach einer Erklärung (M2).
c) Berechne die Tagesmitteltemperatur von M1 mithilfe von M3.
d) Worüber erhältst du aber jetzt keine Aussage mehr?

❷ Teste, ob du die Lufttemperatur gut einschätzen kannst. Geht mit der Klasse auf den Schulhof. Jeder schreibt seinen Namen und die geschätzte T°C auf einen Zettel. Benutzt danach ein Thermometer und vergleicht.

❸ Miss auch die Werte der T°C an verschiedenen Orten im Schulhof (Wiese, unter den Bäumen…) Was stellst du fest?

❹ Lege einen Beobachtungsbogen für eine Woche an (M4). Notiere die T°C und die Bewölkung immer zur gleichen Zeit. Was stellst du fest?

❺ Beschreibe, wie sich die Monatsmitteltemperatur im Laufe des Jahres verändert (M5). In welchem Monat war es am wärmsten, wann war es am kältesten? Gib die T°C an. Um welche Jahreszeit handelt es sich jeweils?

Wusstest du schon, dass…
bei traditionellen Wetterstationen die Tagesmitteltemperatur wie folgt ermittelt wurde:

$$\frac{T°C\ (7\,Uhr) + T°C\ (14\ Uhr) + 2T°C\ (21\ Uhr)}{4}$$

Wetter und Klima

Grundwissen / Übung

Federwolken · kleine Wolkenballen · Schichtwolken

M1 *Wolken verraten viel über das Wetter*

Niederschlag und Bewölkung

Wolkenbildung durch aufsteigende Luft

„Gi mir haut an d'Weiere schwammen?" Ein Blick zum Himmel gibt euch zumindest einen Teil der Antwort, denn Wolken können ein erstes Zeichen für Regen sein (M1, M5, M8). Wie aber entsteht der Regen?

Wenn Wasser am Boden verdunstet, entsteht Wasserdampf. Er steigt mit warmer Luft nach oben (M3). Auf dem Weg in die höheren Luftschichten kühlt die Luft ab, denn in der Höhe ist es kälter als am Boden. Aus dem Wasserdampf bilden sich nun kleine Wassertröpfchen (M2). Diesen Vorgang nennt man **Kondensation**.

Durch Kondensation entstehen Wolken. In einer Wolke vergrößern sich die Wassertropfen. Sie werden immer schwerer. Schließlich fallen sie zur Erde. Es regnet! Ihr geht dann vielleicht ins Kino? Wenn es besonders kalt ist, gefrieren die Wassertropfen zu Schneekristallen oder Hagel (M6).

Der **Niederschlag** wird täglich mit einem **Regenmesser** gemessen und in Millimeter (mm) angegeben. 1 mm Niederschlag entspricht einem Liter Wasser pro Quadratmeter (m^2). Mithilfe von M7 könnt ihr einen Regenmesser bauen und den täglichen Niederschlag messen und notieren.

M3 *Der Wasserkreislauf*

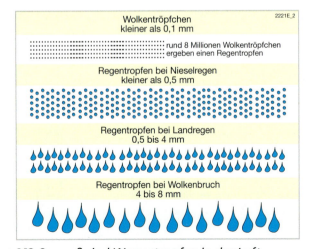

M2 *So groß sind Wassertropfen in der Luft.*

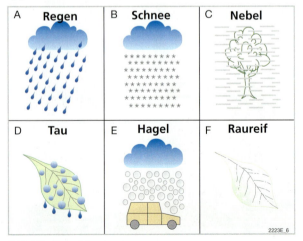

M4 *Niederschlagsarten*

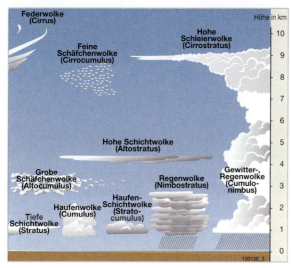

M5 *Wolkenformen in der Troposphäre*

Cirrus	Diese Wolken wirken federleicht und gehören zu den hohen Wolkentypen. Sie bestehen aus feinen Eiskristallen.
Stratus	Diese Wolken bilden eine dunkle, dichte Schicht und sind Vorboten für Niederschläge. Sie bestehen aus Wassertröpfchen und entstehen, wenn die unteren Schichten der Atmosphäre feucht und kalt sind.
Cumulus	Sie werden auch Schäfchenwolken genannt. Sie verändern ständig ihre Form und regen die Fantasie an. Sie treten für gewöhnlich bei schönem Wetter auf.
Cumulonimbus	Diese Wolken haben eine ambossähnliche Form und können über zwölf Kilometer hoch werden. Es sind typische Gewitterwolken.

M8 *Wolkenformen und ihre Besonderheiten*

M6 *Verschiedene Arten von Niederschlag*

> Wenn die Sonne scheint sehr bleich, ist die Luft an Regen reich.
> Wenn der Himmel gezupfter Wolle gleicht, das schöne Wetter bald dem Regen weicht.
> Wenn Schäfchenwolken am Himmel stehen, kann man ohne Schirm spazieren gehen.

M9 *Bauernregeln, nach langjährigen Wetterbeobachtungen aufgestellt*

Material: leere Flasche, Trichter (Durchmesser: 16 cm), Sprudelkiste, Knete, Messglas.
Durchführung: Flasche in die Kiste stellen, Trichter in die Flasche stecken und in Höhe der Flaschenöffnung mit Knete gut verschließen. Kiste auf dem Schulhof aufstellen.
Hinweise: Niederschläge jeden Tag zur gleichen Zeit messen (z. B. in der großen Pause): Dafür Niederschläge in das Messglas füllen und Menge in Millimeter notieren.

M7 *So könnt ihr die Niederschläge messen.*

❶ a) Bestimme anhand von M1, M5 und M8, aus welchen Wolken Niederschlag fällt.
b) In welcher Schicht der Atmosphäre spielt sich der Wasserkreislauf (Verdunstung, Kondensation und Niederschlag) ab (S. 66 M3)?
c) Wie hoch ist diese Schicht?

❷ Beschreibe in eigenen Worten den Wasserkreislauf (M3).

❸ Bestimme anhand von M4 die Niederschlagsarten in M6.

❹ Welche Bauernregel (M9) passt zu welchen Wolkenformen (M5).

Grundwissen / Übung

M1 *Eine Gewitterfront zieht auf*

Der Luftdruck

So leicht wie eine Feder?

Die Luft in der Atmosphäre ist ein unsichtbares Gasgemisch und besteht aus winzig kleinen Teilchen, den Luftmolekülen. Eine Billion (1×10^{12}) Moleküle hätten in einem Stecknadelkopf Platz. Jedes dieser Moleküle hat ein Gewicht. Diese Moleküle drücken mit ihrem Gewicht auf die Erdoberfläche. Messinstrument ist das **Barometer** (M6). Ein Liter Luft wiegt durchschnittlich 1,3 g.

Der **Luftdruck** nimmt mit steigender Höhe ab (M5). Deshalb ist der Luftdruck in den Bergen tiefer als in den Tälern. Im Tal steht eine höhere Luftsäule über der Messstelle als auf dem Berg. Dadurch ist das Gewicht der Luft im Tal höher und somit auch der Luftdruck höher als auf dem Berg.

Das Atmen in großer Höhe fällt schwerer. Leistungssportler trainieren in hohen Lagen, um in Wettkämpfen mehr Leistung zu bringen.

M2 *Wetter bei tiefem Luftdruck (**Tiefdruckwetter**)*

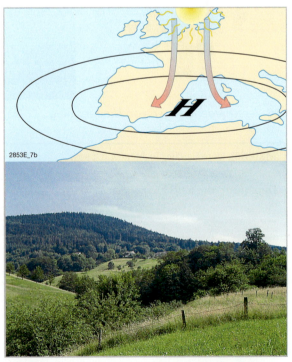

M3 *Wetter bei hohem Luftdruck (**Hochdruckwetter**)*

INFO Luftdruck

Der Luftdruck ist das Gewicht der Luft. Es wird der Druck der Luftsäule auf 1 cm² der Erdoberfläche gemessen. Als Messinstrument nutzt man das Barometer (M6). Die Messeinheit für den Luftdruck ist das **Hektopascal hPa**.
Auf Höhe des Meeresspiegels beträgt der mittlere Luftdruck 1013 g/cm² oder 1013 hPa.
Hochdruck H (> 1013 hPa) bringt oft eine Schönwetterlage (M2) mit. Herrschen weniger als 1013 hPa, spricht man von **Tiefdruck T**. Dann gibt es meistens Regen.

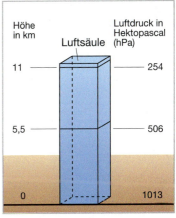

M5 *Luftdruck und Höhe*

Material: dünner Stab, zwei Luftballons, Schnur, breites Klebeband, Nadel, Schere.
Durchführung: Schnur in der Mitte des Stabes festbinden.
Luftballons aufblasen; beide sollen gleich groß sein. Je einen Ballon an einem Ende des Stabes festkleben. Auf einen Luftballon einen drei Zentimeter langen Streifen Klebeband aufkleben. An der Schnur den Stab hochheben.
Der Stab mit den Luftballons soll waagerecht hängen.
Mit der Nadel vorsichtig durch den Klebestreifen stechen. Der Klebestreifen verhindert, dass der Ballon platzt.
Hinweise zur Auswertung:
Beobachtet die Luftballons, während die Luft aus einem Ballon entweicht. Erklärt eure Beobachtungen.

M4 *Versuch zum Thema „Luft"*

M6 *Barometer*

❶ Erläutere, warum mit zunehmender Höhe die Luft „dünner" wird (M5).

❷ a) Lege einen Beobachtungsbogen für den Luftdruck an. Lies eine Woche lang jeden Tag zur gleichen Zeit die Werte auf einem Barometer ab (M6). Notiere auch jedes Mal, wie das Wetter ist (z. B. schön, trüb, regnerisch).
b) Werte den Beobachtungsbogen aus. Wie war das Wetter bei hohem Luftdruck, wie bei niedrigem Luftdruck?

❸ a) Beschreibe die Bewegungen der Luftmassen in Hoch- und bei Tiefdruckgebieten.
b) Welchen Einfluss hat der Luftdruck auf das Wettergeschehen?

❹ Fülle eine 1,5 l PET-Flasche mit heißem Wasser. Gieße das Wasser wieder ab und verschließe die Flasche. Warte einige Minuten, beobachte, was passiert und erkläre.

❺ Für schlaue Köpfe: Warum trainieren Leistungssportler vor wichtigen Wettkämpfen häufig in großer Höhe? Recherchiere im Internet.

Grundwissen / Übung

M1 *Windsack und Drachenflieger*

Der Wind

Die Luft strömt vom Hoch zum Tief
Der Luftdruck auf der Erde ändert sich laufend. Es gibt hohen Luftdruck (H) und niedrigen Luftdruck (T). Die Druckunterschiede sind kaum spürbar. Die Strömung der Luft zwischen Hoch- und Tiefdruckgebieten (M2) nehmen wir als Wind wahr. Die Windgeschwindigkeit (km/h) hängt von dem Druckunterschied zwischen dem Hochdruck- und dem Tiefdruckgebiet ab und wird mit einem Anemometer gemessen (M5). Der Wind strömt nicht gradlinig vom Hochdruckgebiet zum Tiefdruckgebiet, sondern wird durch die Erdrotation abgelenkt.

Die Unterschiede zwischen den Temperaturen führen zur Entstehung von Winden (M2). Warme Luft steigt in die Höhe und somit entsteht an der Erdoberfläche ein Tief, der Luftdruck sinkt.

Kalte Luft sinkt nach unten. Dadurch steigt der Druck an der Erdoberfläche, ein Hoch entsteht. Winde sind sowohl global wie auch auf der lokalen Ebene spürbar. Stürme und Orkane sind besonders starke Winde (M3). Einzelne Orkane können Geschwindigkeiten von über 200 km/h erreichen und große Schäden anrichten.

Woher weht der Wind?
Ein Wind wird nach der Himmelsrichtung benannt, aus der er weht. Weht ein Wind aus dem Westen, nennt man ihn Westwind. Ein Ostwind kommt aus dem Osten.

Mit einer Windfahne oder einem Windsack (M1) sowie einem Kompass kannst du feststellen, aus welcher Himmelsrichtung der Wind weht.

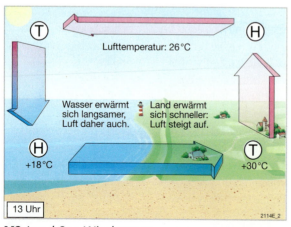
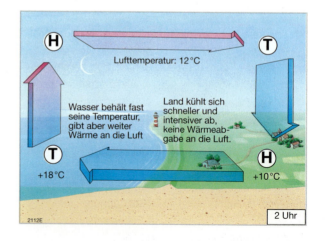

M2 *Land-See-Windsystem*

Windstärke (Beaufort)	Bezeichnung	Windgeschwindigkeit in Kilometer pro Stunde (km/h)	Auswirkungen
0	Windstille	0 bis 0,7	Rauch steigt senkrecht auf.
1	Zug	0,8 bis 5,4	Rauch wird leicht getrieben.
2–5	Brise	5,5 bis 38,5	Größere Zweige bewegen sich, Staub und Papier wird aufgewirbelt, kleine Laubbäume schwanken.
6–8	Wind	38,6 bis 74,5	Äste oder Bäume bewegen sich, Zweige werden abgerissen, Regenschirm schwierig zu benutzen.
9–11	Sturm	74,6 bis 117,4	Schäden an Häusern, Bäume werden entwurzelt.
12–17	Orkan	117,5 und mehr	Verwüstungen

M3 *Übersicht zur Windstärke*

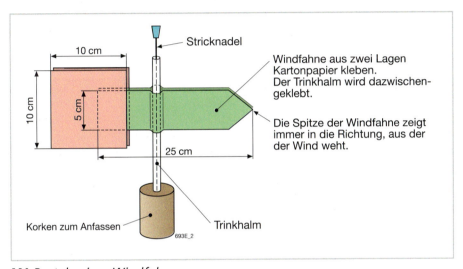

M4 *Basteln einer Windfahne*

M6 *Tropensturm*

INFO Anemometer
Das Anemometer ist ein Instrument, mit dem die Windgeschwindigkeit gemessen wird.

M5 *Anemometer*

❶ Öffne die Tür sowie das Fenster und klebe einen langen Papierstreifen in den Türrahmen, sodass er sich frei bewegen kann. Beschreibe und erkläre deine Beobachtung.

❷ Blase einen Luftballon auf und halte die Öffnung zu. Im Ballon sind nun mehr Luftmoleküle als in der Umgebungsluft. Im Ballon herrscht ein hoher Luftdruck. Um den Ballon herum ist der Luftdruck niedriger.

Lasse die Luft aus dem Ballon langsam heraus. Ergänze nun folgenden Merksatz: „Der Wind weht vom … zum …"

❸ Erkläre nun die Entstehung vom Land-See-Windsystem (M2).

Grundwissen/Übung

Wetter und Klima

Wettermessungen in der Schule

Beobachten, beschreiben, messen
Nach dem Kennenlernen der verschiedenen Bausteine des Wetters kannst du jetzt deine eigenen Wetterbeobachtungen erstellen.
Die Arbeitsanleitung M1 gibt verschiedene Aufgaben vor.

M3 *Schüler testen ein Anemometer*

> **❶ Aufstellen einer Tabelle (Vorlage in M4)**
> Stelle anhand der erhaltenen Informationen im ersten Teil des Kapitels Wetter und Klima eine Tabelle zusammen, die alle Wetterelemente beinhaltet und beschreibe diese.
>
> **❷ Erstelle ein Plakat (Vorlage in M2)**
> Erstelle ein Plakat mit Wetterkarten über eine Woche und fülle einen Wetterbeobachtungsbogen (M2) aus. Du kannst auch verschiedene Wettermessungen in der Schule machen.
>
> **❸ Extreme Wettererscheinungen**
> Suche zu einem passenden Wetterelement Beiträge über extreme Wettererscheinungen und/oder Naturkatastrophen.

M1 *Arbeitsanleitung*

Wetter-element	Mess-instrument	Maßeinheit	Bemerkung
Temperatur	Thermo-meter	°C	T = 0°C; Wasser wird Eis T = 100°C, Wasser wird Wasserdampf
Luftdruck	...	...	...
Wind	...	...	...
Bewölkung	...	...	...
Niederschlag	...	...	...

M4 *Beschreibungsbogen der Wetterelemente (Vorlage)*

	Montag, den	Dienstag, den	Mittwoch, den	Donnerstag, den	Freitag, den
Temperaturangabe laut Wetterkarte					
Niederschlag in mm					
Luftdruck in hPa					
...	...	...	...	...	...

M2 *Wetterbeschreibungsbogen (Vorlage)*

Besuch einer Wetterstation

Am Arbeitsplatz eines Meteorologen

Meteorologen wissen (fast) alles über das Wetter: Wetterhütte, Temperaturschreiber, Sonnenscheinmesser, Windhose – ein Meteorologe kann all diese Begriffe erklären.

Bei einem Rundgang durch die Wetterstation könnt ihr auch erfahren, warum die Meteorologen heute nicht mehr ohne Computer auskommen (siehe auch www.meteozentral.lu).

M7 *Ein Meteorologe verarbeitet Klimadaten mithilfe eines Computers*

1. Wählt eine Wetterstation aus, die nahe eurer Schule liegt (Internet).

2. Fragt dort nach, ob und wann ihr mit der Klasse kommen könnt.
   Vereinbart einen Termin (Tag, Uhrzeit, Dauer des Besuches).
   Legt den Weg fest (z. B. Eisenbahn, Bus, Fußweg).

3. Schreibt Fragen auf, die euch zur Wetterstation, zum Wetter und Klima interessieren. Schreibt jeweils nur eine Frage auf einen Zettel. Hängt die Zettel an die Tafel. Ordnet die Fragen nach einzelnen Themen. Ähnliche Fragen könnt ihr zusammenfassen.
   Erstellt dann einen Fragebogen. Achtet darauf, dass sich keine Fragen überschneiden. Legt eine sinnvolle Reihenfolge fest.

4. Erstellt einen Merkzettel mit den Dingen, die ihr außer dem Fragebogen noch mitnehmen müsst, zum Beispiel:
   - Schreibzeug und einen Block, damit ihr euch Notizen machen könnt,
   - Fotoapparat zum Fotografieren in und außerhalb der Wetterstation,
   - Gerät zum Aufzeichnen eines Gesprächs.

   Vergesst nicht, ein kleines Geschenk mitzunehmen!

5. Bildet Arbeitsgruppen.
   Erstellt zu jedem Thema (siehe Punkt 3) ein Plakat mit Fotos und Texten. Präsentiert eure Arbeitsergebnisse. (Hinweis: In vielen Wetterstationen liegen Prospekte zum Thema Wetter und Klima aus. Nehmt aber nur die Prospekte mit, die ihr auch wirklich braucht.)

M5 *So plant ihr einen Besuch in einer Wetterstation*

- Tägliche Arbeit eines Meteorologen
- Ausbildung eines Meteorologen
- Messinstrumente für die einzelnen Wetterelemente
- Wetterrekorde der Station (z. B. heißester und kältester Tag)
- Auswertung von Wetterdaten
- Tipps für den Bau einer eigenen Wetterstation
- Wetterkarte und Wettervorhersage

M6 *Themen für den Besuch einer Wetterstation (Auswahl)*

Grundwissen / Übung

Das Klimadiagramm

Das Klima

Meteorologen messen Temperaturen (M1) und Niederschläge (M2) und berechnen die Mittelwerte. Diese Mittelwerte werden für einen Zeitraum von mindestens 30 Jahren gerechnet und geben Auskunft über das Klima eines Ortes. Sie werden in einem Klimadiagramm dargestellt.

In einem Klimadiagramm sind die Temperaturkurve und die Niederschlagssäulen eines Ortes zusammen eingetragen. Die Klimadiagramme informieren über das Klima und ermöglichen die Beschreibung der örtlichen Verhältnisse.

> **INFO Das Klimadiagramm**
>
> Das Klimadiagramm stellt Niederschlag und Temperatur zueinander ins Verhältnis. So kann man die Auswirkungen des Klimas auf die natürliche Vegetation erkennen.
>
> a. Humidität (feuchte Monate)
> Feuchte Bedingungen herrschen, wenn die Niederschlagssäulen über der Temperaturkurve liegen. Es fällt mehr Niederschlag als Wasser verdunstet.
>
> b. Aridität (trockene Monate)
> Trockene Bedingungen entstehen, wenn die Temperaturkurve oberhalb der Niederschlagssäulen liegt. Es verdunstet so viel Wasser, dass der Niederschlag aufgebraucht wird. Es herrscht Wassermangel.
>
> c. Pflanzenwachstum
> ... ist möglich bei mindestens 5 °C Monatsmitteltemperatur und wenn der monatliche Niederschlag mindestens doppelt so hoch ist wie die Monatsmitteltemperatur.

Die Temperaturkurve

Die Temperaturen der einzelnen Monate stellt man zeichnerisch als Temperaturkurve (rot) dar. Dazu muss man zunächst die Tagesmittel aller Tage eines Monats in Grad Celsius (°C) messen und daraus dann das Monatsmittel errechnen. Mithilfe der Monatsmittel wird die Jahresmitteltemperatur errechnet

Beachte: Der Wert der Temperatur (links) ist dabei halb so groß wie der des Niederschlags (rechts) (siehe S. 79). Zum Beispiel werden 10 °C auf derselben Höhe eingetragen wie 20 mm Niederschlag.

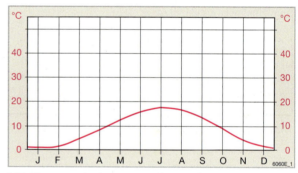

M1 *Temperaturkurve von Luxemburg*

Die Niederschlagssäulen

Bei den Niederschlägen zählt man die Niederschlagsmengen aller Tage eines Monats zusammen. Auf diese Weise erhält man die Summe aller Niederschläge eines Monats. Sie werden in Millimetern angegeben. Die Monatsniederschläge zeichnet man als blaue Niederschlagssäulen (M2). Die Niederschlagsmengen der zwölf Monate eines Jahres ergeben zusammengezählt den Jahresniederschlag.

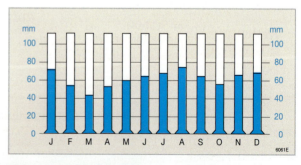

M2 *Monatsniederschläge in Luxemburg*

Klimadiagramme zeichnen

Ein Klimadiagramm in drei Schritten zeichnen

1. Zeichnen der Temperaturkurve
a) Zeichne mit Bleistift eine waagerechte Achse (sogenannte Null-Linie), die 12 cm breit ist. Teile sie in 1 cm-Abschnitte ein.
Beschrifte diese zwölf Abschnitte mit Bleistift mit den Anfangsbuchstaben der Monate.
Hinweis: Wenn ein Ort Minus-Temperaturen hat, werden die Monats-Buchstaben unter der Abschluss-Linie eingetragen (siehe 3. Schritt).
b) Zeichne mit Bleistift links eine senkrechte Achse (Temperaturachse) und markiere 1 cm-Abschnitte. Beschrifte diese Temperaturachse mit rotem Buntstift: bei 1 cm mit 10, bei 2 cm mit 20 und so weiter. Notiere darüber in Rot: °C.
c) Markiere die Werte für die Monatsmitteltemperaturen durch rote Punkte in der Mitte der Monate. Verbinde sie zu einer roten Temperaturkurve.

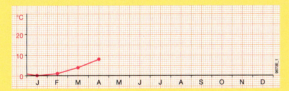

2. Zeichnen der Niederschlagssäule
a) Zeichne mit Bleistift rechts eine senkrechte Achse (Niederschlagsachse) und markiere 1 cm-Abschnitte. Beschrifte diese Niederschlagsachse mit blauem Buntstift: bei 1 cm mit 20, bei 2 cm mit 40, bei 3 cm mit 60, bei 4 cm mit 80 und so weiter. Notiere darüber in Blau: mm.
Ab 100 ändert sich die Beschriftung. 1 cm entspricht dann einem 40er-Schritt (statt 20).
Hinweis: Bei dieser Einteilung steht 1 mm auf dem Papier für 2 mm Niederschlag.
b) Markiere die monatlichen Niederschlagswerte durch blaue Querstriche über dem Monatsnamen und zeichne in Blau die Niederschlagssäulen.

Hinweis: Wenn du die Niederschlagswerte halbierst, erhältst du die Höhe der Niederschlagssäule im Klimadiagramm.

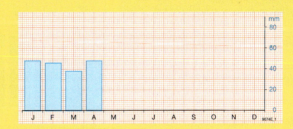

3. Beschriften des Klimadiagramms
a) Trage mit Bleistift oben über dem Klimadiagramm den Namen des Ortes, die Höhenangabe und die genaue Lage der Station ein.
b) Ergänze Jahresmitteltemperatur (rot) und Jahresniederschlag (blau).

Materialliste
- Geodreieck oder Lineal
- Bleistift
- roter und blauer Buntstift
- Millimeterpapier oder kariertes DIN A4-Blatt
- Klimawerte des Ortes

❶ Zeichne folgendes Klimadiagramm von Clervaux (Luxemburg), 50°N/6°E, 454 m üNN. Nutze dazu auch das Arbeitsheft auf S. 21.

	J	F	M	A	M	J	J	A	S	O	N	D	Jahr
°C	0,0	0,6	4,3	7,4	11,8	15,1	16,6	15,9	13,3	8,7	4,3	1,1	8,3
mm	85	61	51	66	64	82	88	99	69	64	77	75	881

Grundwissen / Übung

Ein Klimadiagramm lesen und auswerten

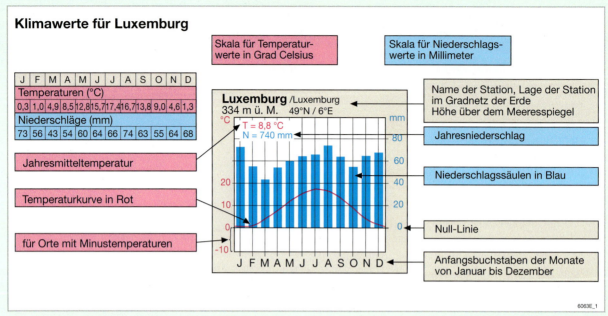

M1 *Das Klimadiagramm in seinen Einzelheiten*

Klimadiagramme lesen und auswerten in vier Schritten

1. **Lage der Station:** Nenne den Namen der Station. Beschreibe ihre Lage (Gradnetz, Kontinent, Land, Lage über dem Meeresspiegel, Lage zum Meer).
2. **Temperatur:** Nenne die Jahresmitteltemperatur sowie die Temperatur des wärmsten und des kältesten Monats.
Beschreibe den jährlichen Temperaturverlauf. Achte dabei auch auf vorhandene Schwankungen.
3. **Niederschlag:** Nenne die Jahresniederschlagsmenge sowie den niederschlagsreichsten und -ärmsten Monat.
Beschreibe den jährlichen Niederschlagsverlauf. Achte dabei auch auf vorhandene Schwankungen.
4. **Ursachen:** Zeige Ursachen für die Klimawerte auf. Denke dabei an Faktoren wie Breitenlage, vorherrschende Luftmassen, Lage zum Meer, Höhenlage.

Beachte:
- wärmste Monate Juli/August: Sommer auf der Nordhalbkugel,
- wärmste Monate Dezember/Januar: Sommer auf der Südhalbkugel.

Name der Station	
Lage im Gradnetz	
Lage über dem Meeresspiegel	
Jahresmitteltemperatur (T)	
Kältester Monat in °C	
Wärmster Monat in °C	
Verlauf der Monatsmitteltemperaturen	
Jahresamplitude (T °C max − T °C min)	
Jahresniederschlag (N)	
Feuchte Monate	
Trockene Monate	
Niederschlagsverlauf	
Wachstumszeit	
Auswertung: ...	

M2 *Tabelle zur Klimabeschreibung (Vorlage)*

❶ Werte nun das Klimadiagramm von Luxemburg (M1) aus. Die Tabelle kann dir als Vorlage dienen.

❷ Zeichne selbst ein Klimadiagramm und werte es aus. Nutze die Vorlage im Arbeitsheft.

Gewusst – Gekonnt

1 Vier Kästen gehören jeweils zusammen.

Ordne den Bilder 1 bis 4 jeweils die richtigen Wetterbegriffe zu.

Thermometer
Barometer
Wind
Millimeter
Niederschlag
Grad Celsius
Luftdruck
Lufttemperatur
Windstärke
Regenmesser
Windmesser
Hektopascal

3 Für Meteorologen.

Löse das Wetterrätsel.

1 Was kann man mit einem Thermometer messen?
2 Was wird beim Wetterbericht verwendet?
3 Wie heißt eine Niederschlagsart?
4 Womit wird der Luftdruck gemessen?
5 Wenn kein Wind weht, herrscht … .
6 Starken Wind nennt man … .

4 Ordne die folgenden Begriffe jeweils einem Wetterelement zu.

kühl, bedeckt, bewölkt, Böe, kalt, Schneefall, warm, heiter, leichte Brise, wolkenlos, Tau, Sprühregen, eisig, Hagel, Sturm, Orkan, Raureif, schwül

2. Was ist falsch? Suche und nenne jeweils die falsche Aussage.

Wetterelemente, die mit einem Instrument messbar sind:
a) Windrichtung
b) Windstärke
c) Luftfeuchtigkeit
d) Niederschlagsmenge
e) Lufttemperatur
f) Wolkenart
g) Luftdruck

Über die Luft:
a) Luftdruck ist das Gewicht der Luft.
b) Luft ist unsichtbar.
c) Bei aufsteigender Luft lösen sich Wolken auf.
d) Die Lufthülle der Erde heißt Atmosphäre.
e) Erwärmte Luft steigt auf.
f) Kalte Luft sinkt ab.

Begriffe, die den Kreislauf des Wassers beschreiben:
a) Niederschlag
b) Verdunstung
c) Wolken
d) Kondensation
e) Gewässer
f) Wind
g) Luftdruck

Übung

Wetter und Klima

Europa

M1 *Im Tiefland in den Niederlanden* M3 *In den Alpen Norditaliens*

Der Kontinent Europa

Landschaftsformen im Überblick

Europa ist der westliche Teil der großen Landmasse von Eurasien. Die natürlichen Grenzen sind der Atlantik im Westen, das Nordpolarmeer im Norden, Uralgebirge und Uralfluss im Osten. Im Südosten liegen Kaspisches Meer, Kaukasus und Schwarzes Meer. Europa ist mit 10,5 Mio. km² der zweitkleinste Kontinent.

Das Relief Europas ist auf engem Raum sehr vielfältig. In Nordeuropa findet man entlang der skandinavischen Westküste ein Hochgebirge. Das Meer reicht in engen Tälern (Fjorde) weit in dieses Gebirge hinein. Im Bereich der Ostsee liegen zahlreiche flache Seen in einem ausgedehnten Tiefland.

Mitteleuropa ist geprägt durch Tiefländer im Norden und die Alpen im südlichen Teil. Dazwischen liegen eine Reihe von Mittelgebirgen. Auch Westeuropa besitzt Tiefländer und Mittelgebirge. Hinzu kommt die Küstenlandschaft am Ozean.

Die Landschaften Osteuropas sind riesige Ebenen. Zwischen der Ostsee, dem Uralgebirge und dem Kaukasusgebirge liegt das osteuropäische Tiefland mit großen Flüssen. Südosteuropa bietet den Gegensatz zwischen Hochgebirgen (z.B. die Karpaten) und Tiefländern wie zum Beispiel dem Donautiefland.

Der Süden Europas ist sehr gebirgig. Die bergige Landschaft setzt sich auch auf den vielen Inseln im Mittelmeer fort.

M2 *Fjord in Norwegen*

INFO Prinzessin Europa

Eine griechische Sage erzählt: Europa war der Name einer Königstochter in Vorderasien, im heutigen Syrien und Libanon. Der oberste griechische Gott, Zeus, verliebte sich in sie. Er verwandelte sich in einen weißen Stier und entführte die Prinzessin auf die griechische Insel Kreta. Der ganze Kontinent bekam ihren Namen. Von Asien aus liegt unser Kontinent im Westen, wo die Sonne untergeht. Daher nennt man Europa auch „Abendland".

❶ Nenne die natürlichen Grenzen Europas im Uhrzeigersinn. Beginne am Nordkap.

❷ Die Flüsse Donau, Po, Rhône, Rhein, Mosel, Wolga und Tajo durchfließen mehrere Länder. Nenne die von der Quelle bis zur Mündung durchflossenen Länder (Atlas).

❸ a) Suche für die geographischen Objekte in M4 entsprechende Karten im Atlas auf.
b) Beschreibe die Lage der Rekordregion: In welcher Gegend Europas, in welchen Ländern, bei welchen Gebirgen, Meeren usw. liegen die Rekorde? Benutze Himmelsrichtungen.
c) Gib für jeden Rekord die ungefähre Lage im Gradnetz an.

Höchster Berg	Mont Blanc: 4807 m
Tiefster Punkt	Kaspische Senke: -26 m
Größter See	Ladogasee: 17 703 km²
Längster Fluss	Wolga: 3531 km
Größte Insel	Großbritannien: 219 331 km²
Größtes Land	Russland (3,95 Mio. km²) (europäischer Teil)
Größtes Land innerhalb Europas	Ukraine (603 299 km²)
Einwohnerreichste Stadt	Moskau (12 Mio., 2011)
Kleinstes Land	Vatikanstadt (0,44 km²)

M4 *Geographische Rekorde in Europa*

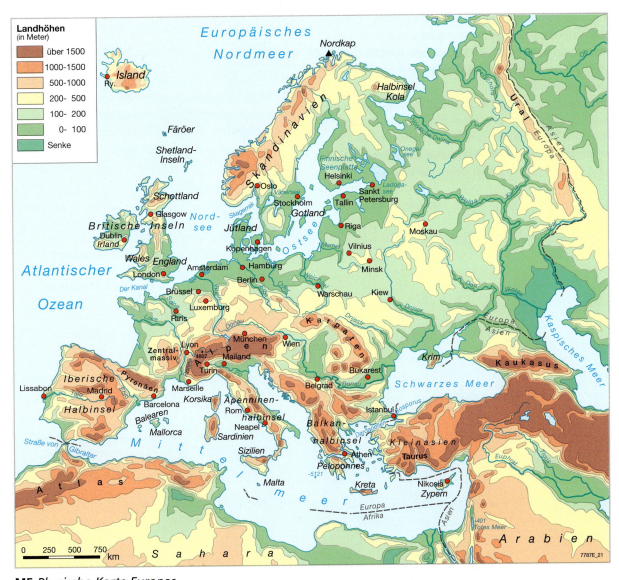

M5 *Physische Karte Europas*

Grundwissen / Übung

85

Klimazonen und Vegetationszonen in Europa

Die Klimazonen Europas

In weiten Teilen Europas herrscht **gemäßigtes Klima** mit Jahreszeiten. Es ist nicht so kalt wie in den Polargebieten, aber auch nicht so warm wie in den Tropen. Die Wassermassen des Atlantischen Ozeans kühlen die küstennahen Gebiete in Westeuropa im Sommer. Im Winter wirkt der Atlantik hingegen wie eine Heizung. Deshalb sind die Winter nicht so kalt und die Sommer nicht so warm wie im Inneren des Kontinents. Der Westen und der Nordwesten Europas werden zusätzlich durch den Golfstrom, einer warmen Meeresströmung aus dem Golf von Mexiko, erwärmt. Die Nähe des Meeres führt auch zu höheren Niederschlägen. Ein solches Klima heißt **Seeklima** (maritimes Klima). Die Wirkung des Atlantiks wird nach Osten hin immer schwächer. In Mitteleuropa und im südlichen Skandinavien findet man ein gemäßigtes **Übergangsklima**.

In Osteuropa ist das Klima **kontinental**. Hier sind die Sommer wärmer und die Winter kälter als im maritim beeinflussten Klima Westeuropas. Das sommerheiße Kontinentalklima zwischen Wolga und Schwarzem Meer ist besonders trocken.

Im Norden Europas findet man **kaltes Klima** (polare und subpolare Zone) mit einem sehr langen und harten Winter. In Südeuropa freuen sich Touristen über die trockenen und warmen Sommer des **Mittelmeerklimas**. Im Winter gelangen aber Niederschläge ins Mittelmeergebiet (subtropische Zone).

❶ a) Beschreibe die Klimazonen von Nord nach Süd (M1).
b) Beschreibe die Vegetationszonen von Nord nach Süd (M2, M3).

❷ a) Nenne Unterschiede zwischen maritimem und kontinentalem Klima.
b) Begründe die Unterschiede.

INFO Klima- und Vegetationszonen

Eine Klimazone ist ein Gebiet mit einem ganz bestimmten Klimatyp. Dort herrschen ähnliche Jahreszeiten, Temperaturen, Niederschläge, Winde usw. Vegetation bedeutet Pflanzenwelt. In einer Vegetationszone findet man aufgrund des ähnlichen Klimas Pflanzen mit gleichen Merkmalen. Klima- und Vegetationszonen verlaufen weitgehend parallel zueinander. Oft erstrecken sie sich gürtelartig entlang der Breitenkreise.

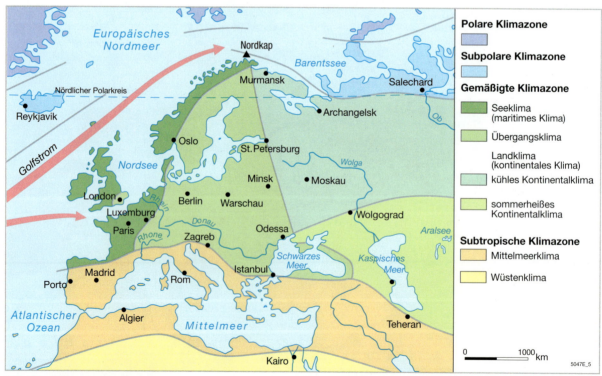

M1 *Die Klimazonen Europas*

Die Vegetationszonen in Europa

Das Wachstum der Pflanzen hängt großenteils vom Klima ab. So ergeben sich in Europa ganz bestimmte **Vegetationszonen**. Man unterscheidet die natürliche Vegetation und die **Kulturpflanzen**, die vom Menschen angepflanzt werden.

In den kalten Gebieten Nordeuropas finden sich Naturlandschaften mit Tundra und nördlichem Nadelwald. Sommergrüne Laub- und Mischwälder beherrschen große Teile Europas im gemäßigten Klima. Nördlich des Schwarzen Meeres sind trockene Steppenlandschaften anzutreffen.

In Südeuropa mit seinen trockenen und heißen Sommern wachsen hingegen Hartlaubgehölze. Der Mensch hat die landwirtschaftliche Nutzung an die natürlichen Bedingungen angepasst. Im hohen Norden ist kaum oder wenig Ackerbau möglich. Je nach der Fruchtbarkeit der Böden werden die besten Ernteerträge in der gemäßigten Zone erzielt: Daher findet man dort viel Acker- und Weideland. Typische Kulturpflanzen sind: Weizen, Gerste, Mais, aber auch Kartoffeln und Zuckerrüben. Die Wärme in Südeuropa macht den Anbau von Reis, Weintrauben, Oliven und Zitrusfrüchten möglich.

❸ a) Ermittle, wo der Nordatlantikstrom entsteht (Atlas).

b) Begründe, warum er auch Golfstrom genannt wird.

❹ a) Erkläre, was eine Steppe ist.

b) Wie entsteht dieser Vegetationstyp?

M2 *Die Vegetationszonen und Pflanzenbedeckung (natürliche Vegetation)*

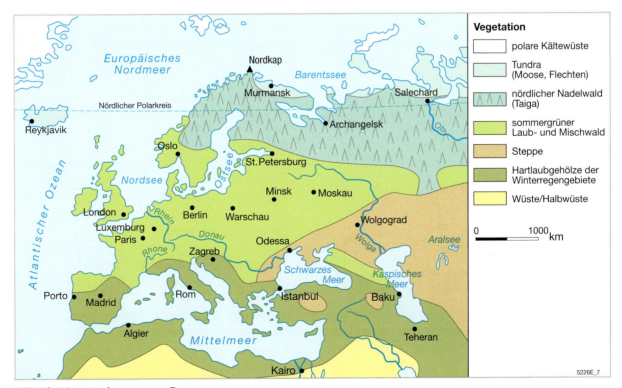

M3 *Die Vegetationszonen Europas*

Grundwissen/Übung

M1 *Eröffnungsfeier der Fußball-Europameisterschaft 2012 in Warschau*

Die Völker Europas

Die Völker Europas besitzen viele Gemeinsamkeiten. Seit dem Altertum haben die Griechen und die Römer das Denken und die Lebensweisen der Menschen in Europa stark beeinflusst. Die christliche Religion hat eine große Rolle gespielt, aber auch Islam und Judentum gehören zu Europa. In Kunst, Musik, Literatur, Sport und Architektur finden sich große Ähnlichkeiten zwischen europäischen Ländern (M1, M5). Politische Ideen, sozialer und technologischer Fortschritt fanden Wege, sich europaweit zu verbreiten.

Neben diesem gemeinsamen Erbe finden sich jedoch auch Unterschiede. Viele Volksgruppen haben eine einzigartige Geschichte und bewahren ihre kulturellen Bräuche und Traditionen bis heute (M3). Heute zählen 47 unabhängige Staaten zu Europa (M4, Atlas).

Zwischen einzelnen Ländern oder Regionen existieren zum Teil große Unterschiede. Westeuropa wird von hoch entwickelten Industriestaaten geprägt. Dort lebt die Mehrheit der Menschen in Wohlstand. Manche Gegenden im Osten Europas sind bislang wirtschaftlich weniger entwickelt und große Teile der Bevölkerung sind eher arm. In einem Land kann es aber auch moderne Großstädte geben und gleichzeitig arme und rückständige Dörfer.

Die rund 740 Mio. Europäer sprechen über 50 unterschiedliche Sprachen. Viele gehören zu den drei großen Sprachfamilien (Info):

- Französisch, Spanisch, Portugiesisch, Italienisch, Rumänisch und Katalanisch sind **romanische Sprachen**.
- Deutsch, Englisch, Niederländisch, Schwedisch, Norwegisch, Luxemburgisch sowie Dänisch gehören zur **germanischen Sprachfamilie**.
- Russisch, Polnisch, Tschechisch, Slowakisch, Bulgarisch und Serbisch sind Beispiele für **slawische Sprachen**.

Mutter Europa und ihre Kinder

M2 *Karikatur*

INFO Das Wort „weiß"	
Romanische Sprachfamilie	Slawische Sprachfamilie
Französisch: blanc	Russisch: белый (bélyj)
Spanisch: blanco	Polnisch: biały
Italienisch: bianco	Tschechisch: bílý
Portugiesisch: branco	Serbisch: бео (beo)
Germanische Sprachfamilie	Zum Vergleich
Englisch: white	Ungarisch: fehér
Schwedisch: vit	Baskisch: zuria
Luxemburgisch: wäiss	Türkisch: beyaz
Niederländisch: wit	

Es gibt Volksgruppen, die zwar heute keinen eigenen Staat besitzen, aber trotzdem seit Jahrhunderten ihre Kultur überliefert haben. Viele sprechen eine eigene Sprache oder einen eigenen Dialekt und haben besondere Bräuche wie Jodeln, das Bauen von Menschenpyramiden oder Baumstammweitwurf. Beispiele sind die Sami (in Skandinavien), die Schotten (in Großbritannien), die Bayern (in Deutschland), die Basken (in Frankreich und Spanien), die Katalanen (in Spanien), Sinti und Roma (in Mittel- und Osteuropa) oder die Tartaren (in Russland und der Ukraine).

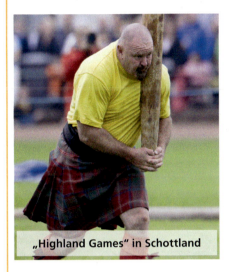
„Highland Games" in Schottland

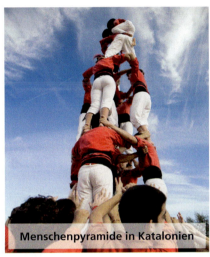
Menschenpyramide in Katalonien

M3 „Andere Länder – andere Sitten"

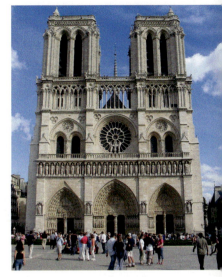

M5 *Notre-Dame in Paris*

❶ Nenne Beispiele aus Sport, Musik und Architektur, an denen man die Gemeinsamkeiten europäischer Völker erkennt.

❷ Sucht gemeinsam oder in Partnerarbeit Ähnlichkeiten in den Sprachfamilien, z. B. bei den Worten „Sommer", „Tür", „gut" (wie Info).

❸ Nenne mithilfe von M4 und Atlas jeweils drei Länder und deren Hauptstädte in
a) Westeuropa,
b) Nordeuropa,
c) Mitteleuropa,
d) Osteuropa,
e) Südosteuropa und
f) Südeuropa.

❹ Welche Autokennzeichen in M4 kennst du nicht? Suche die Namen im Atlas und leg eine Tabelle an.

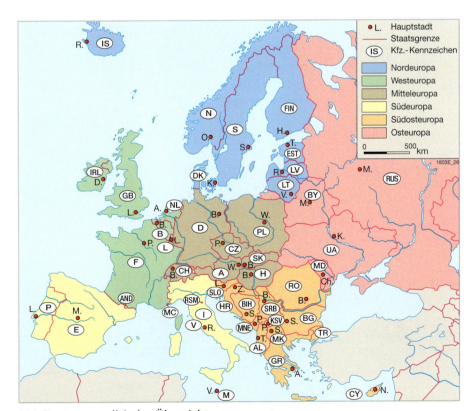

M4 *Europa – politische Übersicht*

Grundwissen/Übung

Die Europäische Union

Europa wächst zusammen – in der EU

Die Geschichte der europäischen Völker war jahrhundertelang von militärischen Konflikten geprägt. Besonders schlimm waren die beiden Weltkriege. Nach dem Zweiten Weltkrieg (1939–1945) wollte man enger zusammenarbeiten für ein friedliches, freies und wohlhabendes Europa.

1957 gründeten daher sechs Länder die *Europäische Wirtschaftsgemeinschaft* (EWG). Dieses Staatenbündnis wurde immer enger und größer (M1) und nennt sich seit 1993 **Europäische Union** (EU). Seitdem gibt es einen *gemeinsamen Binnenmarkt*, in dem sich Menschen, Waren, Kapital und Dienstleistungen frei bewegen können.

Im Jahr 2013 hat die EU 28 Mitgliedsstaaten mit rund 500 Mio. Bürgern. 17 Länder besitzen den **Euro** (M3) als gemeinsames Zahlungsmittel. Weitere Länder sind interessiert daran, der EU beizutreten (M1).

Aufgaben und Organe der EU

Die Regierungschefs der 28 EU-Mitgliedsländer beraten regelmäßig auf EU-Gipfeln, *Europäischer Rat* genannt. Wenn nur einzelne Fachthemen zu besprechen sind, zum Beispiel Verkehr, Tourismus, Umweltschutz oder Landwirtschaft, kommen die zuständigen Minister im *EU-Ministerrat* zusammen.

In den einzelnen EU-Ländern werden alle fünf Jahre Vertreter für das *EU-Parlament* gewählt. Dort diskutieren und entscheiden diese Abgeordnete über die Politik der EU. Die Staaten senden zusätzlich Kommissare nach Brüssel (M2). Dort entwickelt dann die sogenannte *EU-Kommission* neue politische Ideen und bereitet Gesetze vor.

Europäischer Rat, Ministerrat, Parlament und EU-Kommission erarbeiten Gesetze, legen Einnahmen und Ausgaben fest und bestimmen so die Politik in der EU.

INFO Europaflagge

Die Europaflagge wurde bereits 1955 eingeführt. Auf ihr sind zwölf goldene Sterne auf blauem Grund dargestellt. Die blaue Farbe symbolisiert den Himmel. Die Sterne stehen für alle europäischen Völker. Die Anordnung der Sterne in einem Kreis symbolisiert Einigkeit.

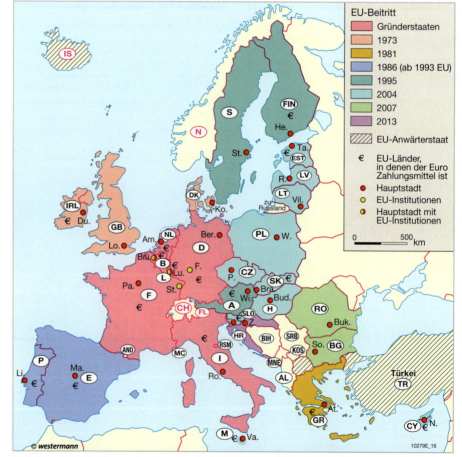

M1 *Die Entwicklung der Europäischen Union (Stand 2012)*

M2 *EU-Kommission in Brüssel*

M5 *Europäischer Gerichtshof in Luxemburg*

M7 *Europäischer Rechnungshof in Luxemburg*

Seit 2002 gibt es den Euro als gemeinsames Zahlungsmittel in verschiedenen EU-Ländern. Heute wird er von fast 320 Mio. Menschen in 17 EU-Staaten und in 5 Nicht-EU-Ländern genutzt (2012).

M3 *Der Euro*

❶ Suche im Atlas historische Karten Europas. Welche Unterschiede kannst du feststellen? Vergleiche mit heute.

❷ Warum ist die EU so wichtig? Nenne zwei Hauptziele der Europäischen Union.

❸ Welche Motive von den Rückseiten der 1- und 2-Euro-Münzen sind dir bekannt? Wer oder was ist dargestellt?

❹ Nenne die Vorteile und die Nachteile
a) der gemeinsamen Währung Euro und
b) des europäischen Binnenmarkts.

❺ Zähle europäische Institutionen auf, die in Luxemburg ihren Sitz haben.

M4 *Das EU-Parlament in Straßburg*

M6 *Europäische Zentralbank in Frankfurt*

Grundwissen/Übung

Eine thematische Karte zeichnen

EU – Wirtschaftskraft der Mitgliedstaaten

Die Tabelle M1 zeigt dir die Wirtschaftskraft der einzelnen EU-Mitgliedstaaten. Diese wird mit dem Bruttoinlandsprodukt (BIP) pro Einwohner angegeben. Das BIP gibt den Wert aller in einem Land im Laufe eines Jahres produzierten Güter und erbrachten Dienstleistungen an.

Mithilfe dieser Tabelle kannst du schrittweise eine thematische Karte zeichnen. Sie verschafft dir einen räumlichen Überblick darüber, welche der 27 EU-Mitglieder wirtschaftlich stärker und welche schwächer sind.

In der Tabelle M1 sind die 27 EU-Staaten in alphabetischer Reihenfolge aufgeführt und nicht in der Rangfolge von wirtschaftlich schwach bis wirtschaftlich stark. Um diese Abfolge zu verdeutlichen, ist es von Vorteil, die Länder nach ihrem BIP/Einwohner-Wert zu ordnen. Dies erleichtert die Bildung der Wertstufen zur Wirtschaftskraft (M3).

BIP/Einwohner in Euro (2010)	
Belgien	28 989
Bulgarien	10 640
Dänemark	30 446
Deutschland	28 718
Estland	15 679
Finnland	28 268
Frankreich	26 095
Griechenland	21 461
Großbritannien	27 851
Irland	31 088
Italien	24 456
Lettland	12 605
Litauen	14 236
Luxemburg	66 944
Malta	20 166
Niederlande	32 591
Österreich	30 843
Polen	15 258
Portugal	19 765
Rumänien	11 025
Schweden	30 105
Slowakei	18 076
Slowenien	20 913
Spanien	24 477
Tschechien	20 088
Ungarn	15 460
Zypern	23 799
EU-Durchschnitt	24 426

*KKS (Kaufkraftstandards): Bereinigung von Wechselkursschwankungen durch Berücksichtigung der tatsächlichen landesspezifischen Konsumkaufkraft (Nach: http://wko.at/statistik/eu/europa-BIPjeEinwohner.pdf, 09.05.12)

M1 *BIP/Einwohner in den EU-Ländern zu KKS**

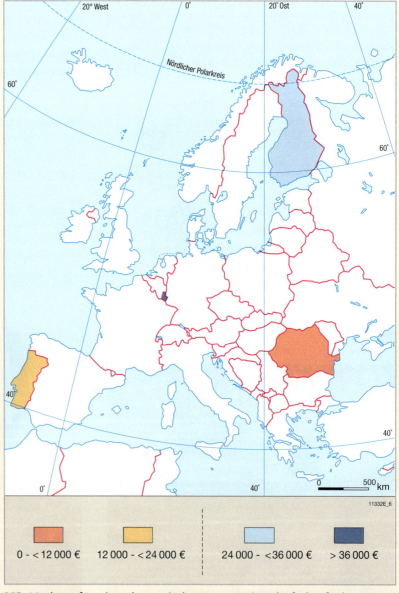

M2 *Vorlage für eine thematische Karte: Wirtschaftskraft der EU-Mitgliedstaaten*

Eine thematische Karte in fünf Schritten erstellen

1. Zeichne die Umrisse der EU-Mitgliedstaaten auf Transparentpapier und ergänze die Hauptstädte (oder benutze die Vorlage im Arbeitsheft).
2. Erstelle nach dem Beispiel von M3 mit den Zahlen aus M4 geeignete Zahlengruppen, um die Arbeitslosigkeit der einzelnen Staaten unterscheiden zu können. Gehe dazu folgendermaßen vor: Schau dir den höchsten und den niedrigsten Zahlenwert sowie die Verteilung der dazwischen liegenden Zahlenwerte an. Bilde dann Zahlengruppen.
3. Lege eine Tabelle an: Die einzelnen Spalten erhalten als Überschrift die von dir unter 2. festgelegten Zahlenwerte. Färbe dann die Zahlengruppen unterschiedlich ein. Im vorliegenden Beispiel sind die Länder der EU in vier Zahlengruppen aufgeteilt.
4. Je nach der Gruppenzugehörigkeit (Tabelle) malst du die EU-Staaten nach und nach in deiner Kartenskizze farbig aus und gibst der Karte einen Titel, zum Beispiel: „Arbeitslosenquote 2010 der EU-Mitgliedsstaaten". Wähle die Farben so, dass sie aussagekräftig sind.
5. Du kannst jetzt aus der thematischen Karte wichtige Informationen herauslesen, z.B. in welchen Ländern oder Regionen die Arbeitslosenquote am höchsten oder am niedrigsten ist.

Land	Arbeitslosenquote (2010)	Land	Arbeitslosenquote (2010)
Belgien	8,3	Italien	8,4
Bulgarien	10,2	Lettland	18,7
Dänemark	7,4	Litauen	17,8
Deutschland	7,1	Luxemburg	4,5
Estland	16,9	Malta	6,9
Finnland	8,4	Niederlande	4,5
Frankreich	9,8	Österreich	4,4
Griechenland	12,6	Polen	9,6
Großbrit.	7,8	Portugal	12,0
Irland	13,7	Rumänien	7,3
Slowakei	14,4	Schweden	8,4
Slowenien	7,3		
Spanien	20,1		
Tschechien	7,3		
Ungarn	11,2		
Zypern	6,3		

M4 *Arbeitslosenquoten in der EU in Prozent (Aus: Luxemburg in Zahlen, STATEC 2011)*

0 – < 12 000 €	12 000 – < 24 000 €	24 000 – 36 000 €	> 36 000 €
Rumänien Bulgarien	Litauen Slowakei Estland Ungarn Tschechien Portugal Malta Zypern Slowenien Griechenland Lettland Polen	Italien Frankreich Schweden Großbrit. Deutschland Niederlande Finnland Belgien Österreich Dänemark Irland Spanien	Luxemburg
2 Länder	12 Länder	12 Länder	1 Land

M3 *Tabelle: Zahlengruppen der EU-Staaten nach der Wirtschaftskraft (BIP pro Einwohner)*

❶ Zeichne mithilfe von M2 und der Texterklärung die vollständige Karte: „Wirtschaftskraft der EU-Mitgliedstaaten" (Arbeitsheft).

❷ Bewerte die Wirtschaftskraft der seit 2004 eingetretenen neuen EU-Mitglieder (M1 und Karte S. 90) im Vergleich zum Durchschnitt der EU.

❸ Gestalte nach den Angaben in M4 eine thematische Karte. Berücksichtige die Hinweise auf dieser Seite und ordne die Arbeitslosenquoten der EU-Länder nach den Zahlengruppen:
0 % – < 5 %,
5 % – < 10 %,
10 % – < 15 %,
≥ 15 %.

METHODE

Grundwissen/Übung

Wirtschaften und Leben in Europa

Im Airbuswerk von Toulouse

Wirtschaft und Wirtschaftssektoren

Zur Wirtschaft zählt man Aktivitäten und Einrichtungen, die der Versorgung der Menschen dienen. Produkte und Dienstleistungen werden von Unternehmen hergestellt und verteilt und schließlich von den Kunden gekauft und verbraucht. Dabei fließt Geld von den Käufern zu den Anbietern.

Es gibt drei unterschiedliche Bereiche der Wirtschaft. Sie werden auch Wirtschaftssektoren genannt: Der **primäre Sektor** hat engen Kontakt zur Natur. Dazu zählen die Land- und Forstwirtschaft, der Weinbau, die Fischerei und zum Teil der Bergbau. Es werden Pflanzen für Lebensmittel angebaut oder Rohstoffe wie Holz, Sand, Erze usw. gewonnen.

Zum **sekundären Sektor** rechnet man die Industrie und produzierende Handwerksbetriebe. Sie verarbeiten die Rohstoffe zu unterschiedlichsten Produkten. Diese werden meist mit der Hilfe von Maschinen in großen Mengen hergestellt. Zu diesem Wirtschaftsbereich gehören auch das Bauwesen und die Energie- und die Wasserwirtschaft. Wenn im Bergbau Rohstoffe direkt verarbeitet werden, zählt man diese Betriebe zum sekundären Sektor.

Im Bereich des **tertiären Sektors** finden wir schließlich Dienstleistungen ganz unterschiedlicher Art. Das können Läden und Banken sein, aber auch Freizeiteinrichtungen wie Kinos, Konzertsäle, Schwimmbäder. Alle Serviceleistungen in den Bereichen Bildung, Gesundheit, Transport und Nachrichtenwesen gehören dazu, auch öffentliche Dienste wie Polizei, Feuerwehr, Gerichte oder die Verwaltung der Gemeinde.

In letzter Zeit spricht man oft von einem **quartären Sektor**. Dieser umfasst hoch qualifizierte Dienstleistungen unter anderem in wichtigen Bereichen der Forschung, der Hochtechnologie und der Telekommunikation.

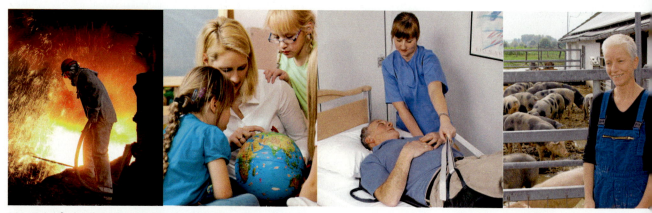

M1 *Berufe in den drei Wirtschaftssektoren*

Morgens 6 Uhr in Mersch, draußen ist es kalt und noch dunkel. Nadines Wecker meldet sich mit ihrer Lieblingsmusik – leider schon wieder aufstehen! Das Licht im Flur blendet. Sie geht ins geheizte Bad. Erst die Dusche macht richtig wach. In der Küche ist ihr Bruder Charles schon beim Frühstück. Es gibt Müsli mit frischem Obst, dazu heiße Schokolade. Mutter blättert die Zeitung durch. Weil Vater die elektrische Orangenpresse benutzt, kann man die Wettervorhersage im Radio kaum verstehen. Zur Sicherheit ziehen sich Nadine und Charles ihre Regenjacken an. Schnell noch das Pausenbrot einpacken, dann geht es schnell zum Bus. In der ersten Stunde ist gleich Geographie…

M2 *Ein typischer Morgen bei Charles und Nadine*

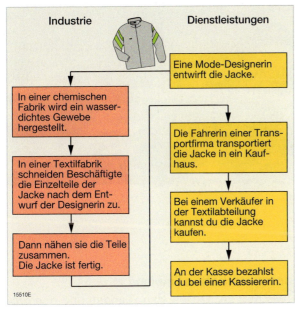

M3 *Eine Regenjacke – mehr Arbeit als man denkt*

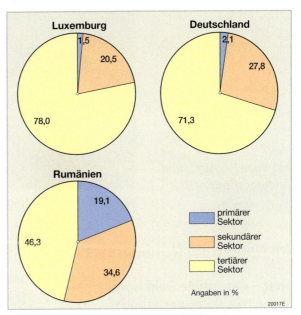

M4 *Beschäftigte in den Wirtschaftssektoren (2010)*

„Ja, gibt`s denn jetzt drei oder vier Wirtschaftssektoren?"

❶ a) Welche Berufe erkennst du in M1?
b) Ordne sie den drei Wirtschaftssektoren zu.

❷ Nenne je drei Beispiele für weitere Berufe
a) im primären Sektor,
b) im sekundären Sektor,
c) im tertiären Sektor.

❸ Zeichne zu M4 ein Säulendiagramm.

❹ Seit 50 Jahren gibt es immer weniger Beschäftigte in der Landwirtschaft und in der Industrie. Nenne Gründe.

❺ Die Zahl der Beschäftigten bei den Dienstleistungen ist in den letzten Jahrzehnten stark gestiegen. Warum?

❻ Welche Wirtschaftssektoren spielen in M2 eine Rolle?

Grundwissen / Übung

M1 *Lage Finnlands und anderer skandinavischer Länder*

M3 *Im nördlichen Nadelwald*

Im Nadelwald Nordeuropas

Holz – das „grüne Gold Nordeuropas"

Weite Teile Nordeuropas sind vom **nördlichen Nadelwald** bedeckt. Dieser ist gut an das kalte Klima angepasst. Er gehört zum größten zusammenhängenden Waldgebiet der Erde. Es verläuft vom Europäischen Nordmeer quer durch Skandinavien und Russland bis zum Pazifik im Fernen Osten Russlands. Die Russen nennen diese Art Wald Taiga. Typische Baumarten dieser Vegetationszone auf den nährstoffarmen Böden sind Fichten, Kiefern, Tannen, Lärchen, aber auch Birken.

Das raue Klima mit langen, strengen Wintern und kurzen Sommern macht die Nutzung durch den Menschen sehr schwierig. Die Lebensbedingungen sind hart. Daher ist der Norden Europas sehr dünn besiedelt. Der **Rohstoff** Holz spielt in diesem Gebiet für die Menschen eine große Rolle (M2, M4).

Holzwirtschaft in Finnland

Zwischen der Ostsee, den Skanden und den großen Ebenen Russlands liegt Finnland, auch das „Land der tausend Seen" genannt. Es ist größtenteils flach und reich an Wäldern und Sümpfen. Wegen des Waldreichtums hat die Holzindustrie mit ihren Sägewerken eine lange Tradition. Früher gewann man überwiegend Brenn- und Bauholz. Zur modernen Holzverarbeitung von heute gehören Zellstoff-, Papier- und Möbelfabriken. Diese benötigen viel Wasser. Die vielen Seen und Flüsse werden zudem für den Transport genutzt. Die Holzindustrie erwirtschaftet ein Drittel des Gesamtexports. Deshalb ist sie so wichtig für die finnische Wirtschaft und wird **Schlüsselindustrie** genannt.

> **INFO** Skandinavien
> Skandinavien nennt sich die größte europäische Halbinsel mit Norwegen, Schweden und Teilen Finnlands. Geschichtlich und kulturell kann man auch Dänemark dazurechnen.

M2 *Holz – ein vielseitiger Rohstoff*

> **Rohstoffe** sind Grundstoffe, die im Bergbau oder in der Industrie zu Produkten oder Energie weiterverarbeitet werden. Dazu gehören z.B. Wasser, Kohle, Eisenerz, Erdöl, Erdgas, Holz, Wolle oder Baumwolle.
> Rohstoffe können tierischen, pflanzlichen, mineralischen oder chemischen Ursprung haben. Man unterscheidet auch erneuerbare und nicht erneuerbare Rohstoffe.

M4 *Rohstoffe*

M5 *Abholzung*

M7 *Flößerei*

❶ Suche den nördlichen Nadelwald auf einer Weltkarte der Vegetation im Atlas. Liste die Länder auf, die daran Anteil haben.

❷ a) Erläutere die vielen Verwendungsmöglichkeiten von Holz (M2).
b) Warum spricht man in Nordeuropa auch vom „grünen Gold"?

❸ a) Gib Beispiele für tierische, pflanzliche und mineralische Rohstoffe.
b) Nenne auch jeweils Beispiele, wozu sie weiterverarbeitet werden können.

❹ a) Welche Probleme ergeben sich in der Zukunft bei den nicht erneuerbaren Rohstoffen? Nenne Beispiele.
b) Erkläre an Beispielen, welche Vorteile erneuerbare Rohstoffe haben.

❺ Gib einen Überblick über Gewinnung, Verarbeitung und Transport von Holz (M5-M8).

❻ Beschreibe die verschiedenen Bereiche des Werksgeländes (M6).

Die moderne Forstwirtschaft setzt Erntemaschinen ein, die in großer Geschwindigkeit Bäume fällen, Stämme abschälen und zerteilen können. Über die miteinander verbundenen Seen und Flüsse im Süden Finnlands werden die Hölzer preiswert mit Schleppern zu den Sägewerken und Holzfabriken geflößt. Dort werden sie zu Brettern, Sperrholz oder Spanplatten verarbeitet.

M8 *Gewinnung, Verarbeitung und Transport von Holz*

> **Wusstest du, ...**
> ... dass der Handyhersteller Nokia aus Finnland stammt und vor rund 150 Jahren als Papierfabrik begann?
> ... dass auch die berühmte Möbelfabrik IKEA aus Schweden, also auch aus Skandinavien kommt und auf der ganzen Welt sehr erfolgreich ist?

1 Kraftwerk
2 Zeitungspapierwerk
3 biologische Abwasserkläranlage
4 Altpapieraufbereitungsanlage
5 Papierwerke
6 Zellstoffwerk
7 Holzbehandlung (Entrindung, Holzschnitzel)
8 Sägewerk
9 Holzschliffproduktion
10 Holzschnitzel
11 Holzhafen
12 Eisenbahngleise

M6 *Holzindustrie in Finnland – „Stora Enso AG" in Varkaus*

Grundwissen/Übung

M1 *Im Rheinischen Braunkohlerevier*

Energieversorgung durch Braunkohle

Unser Leben wäre ohne elektrischen Strom kaum denkbar. Zum Heizen, Kochen, Duschen brauchen wir Energie. MP3-Player und mobile Telefone müssen aufgeladen werden. Industrie, Handwerk und Handel sind abhängig von der Stromversorgung. Ein großer Teil des elektrischen Stroms in Luxemburg wird in einem Gebiet bei Köln produziert (M5). Dort lagern die größten Braunkohlereserven Europas. **Kohle** ist ein wichtiger Rohstoff und Energieträger (Info, M2).

In **Kraftwerken** wird bei der Verbrennung von Kohle Wärme frei. Diese wird genutzt, um Wasserdampf zu erzeugen. Der treibt eine Turbine an. In einem Generator wird die Bewegungsenergie in Strom umgewandelt. Versorgungsleitungen transportieren ihn zu den Verbrauchern.

INFO Was ist Kohle?

Kohle ist ein natürlicher Rohstoff und Energieträger. Sie entstand über Millionen von Jahren aus dem Holz von sumpfigen Wäldern, die vom Meer überspült wurden. Später lagerten sich darauf Sand und Gestein ab. Wenn Sauerstoff fehlt und der Druck von oben größer wird, wandelt sich Holz in **Torf** um. Bei weiter steigendem Druck entstehen **Braunkohle** (wie am Niederrhein), später auch **Steinkohle**. Eine Schicht mit Kohle oder Erz wird **Flöz** genannt.

Die Steinkohle war ein wichtiger Brennstoff für die Eisen- und Stahlindustrie in Luxemburg. Man findet sie z.B. im Ruhrgebiet in Deutschland oder im französischen Lothringen unweit von Luxemburg. Ein Gebiet mit Bergbau und Industrie nennt man auch Revier.

M2 *Braunkohlekraftwerk*

M3 *Stein- und Braunkohle*

M5 *Lage des Rheinischen Braunkohlereviers*

❶ Beschreibe die Lage des Rheinischen Braunkohlereviers und nenne die Namen der Städte (M5, Atlas).

❷ Suche nach weiteren Kohlerevieren in Europa (Wirtschaftskarte im Atlas).

❸ Erkläre, wie man aus Kohle elektrischen Strom erzeugen kann (M4).

❹ Warum ist elektrische Energie so wichtig für unsere Wirtschaft und unseren Alltag? Nenne Beispiele.

❺ Aus welchen weiteren Rohstoffen wird ebenfalls Energie erzeugt?

❻ Warum wird Braunkohle als fossiler Brennstoff bezeichnet?

Ohne elektrischen Strom wären wir ganz schön aufgeschmissen!

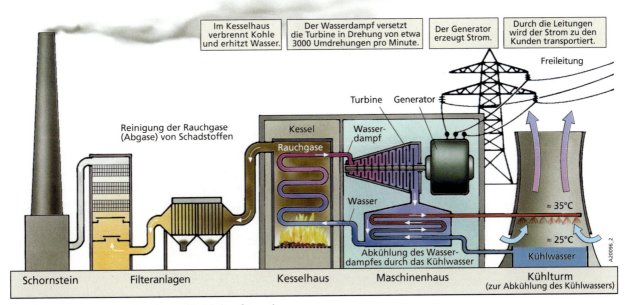

M4 *Stromerzeugung in einem Kohlekraftwerk*

Grundwissen / Übung

101

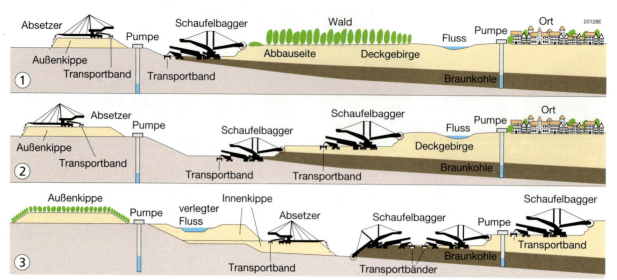

M1 *Braunkohleabbau im Tagebau*

Das größte Loch Europas

Die Braunkohle im deutschen Niederrheingebiet kann oberirdisch im Tagebau gewonnen werden. Gigantische Schaufelradbagger räumen dort erst die Deckschichten über der Kohle ab und fördern dann die Braunkohle (M1, M4).

Kilometerlange Förderbänder transportieren Kohle zur Verladung. Die Reste der Deckschichten werden als Abraum auf Halden verkippt. Damit kann man später die entstandenen Löcher auffüllen.

Der Abbau von Braunkohle bedeutet einen großen Eingriff in die Landschaft. Wälder werden abgeholzt, Pflanzen und Tiere müssen weichen, auch ganze Ortschaften verschwinden.

Zum Ausgleich sind die Energieunternehmen verpflichtet, die zerstörte Landschaft später neu zu gestalten. Bei dieser **Rekultivierung** werden Löcher gefüllt, neue Wälder angepflanzt, neue Äcker und Seen angelegt (M5). Die Bewohner der alten Dörfer erhalten neue Häuser in ganz neu geplanten Siedlungen (M6). Auch wenn versucht wird, die alten Nachbarschaften zu erhalten, sind viele Betroffene mit ihrer Umsiedlung nicht einverstanden.

M2 *Landschaft vor der Eröffnung des Tagebaus*

Grundwissen

War das schön damals, das Leben im Dorf Garzweiler. Zum Beispiel gab es die „Sauparade". Da hat der Josef Mertens seine rosa Prachtsau Susi mit allerhand Blumen geschmückt, und sie sind mit Susi durchs Dorf gezogen.
Das war der Auftakt zu einem herrlichen Fest. Garzweiler war damals ein typisches Bauerndorf.
In Neu-Garzweiler bei Jüchen gibt es keine Schweine mehr, nicht mal Bauernhöfe. Der Ort sieht aus wie ein „Lego-Dorf".
(Nach: Stern, Nr. 4/98)

M3 *Garzweiler früher und Neu-Garzweiler heute*

❶ Beschreibe den Abbau der Braunkohle im Tagebau (M1).

❷ a) Oft wird der Braunkohleabbau kritisiert. Welche Argumente könnten die Kritiker haben?
b) Was spricht hingegen für den Abbau und die Nutzung der Kohle?

❸ Erkläre, warum es ältere Menschen besonders schwer haben, wenn ihr Dorf umgesiedelt wird.

M5 *Landschaft nach der Rekultivierung*

M4 *Schaufelradbagger in Aktion*

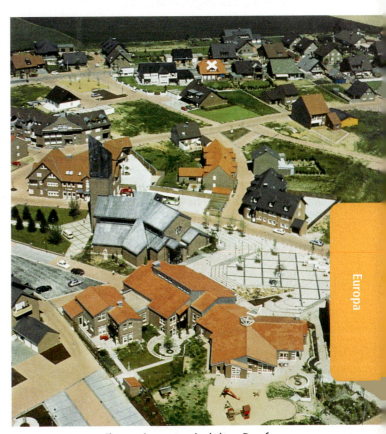

M6 *Neu-Garzweiler – ein umgesiedeltes Dorf*

Grundwissen/Übung

M1 *Lage der Niederlande in Europa*

M3 *Gewächshauslandschaft in den Niederlanden*

Intensive Landwirtschaft

Nahrungsmittel aus den Niederlanden

Mit der Industrialisierung Europas im 19. Jahrhundert wuchsen die Städte. Die holländischen Bauern und Gärtner erkannten schnell, dass es sich lohnt, die wachsende Stadtbevölkerung mit Nahrungsmitteln zu versorgen. In der Nähe der Städte entstanden Gärtnereien, die Obst und Gemüse verkauften.

So entwickelte sich die **Gewächshauskultur**. Pflanzen werden in einem Treibhaus hinter Glasplatten von der Sonne mit Wärme versorgt, teilweise wird künstlich beheizt. So kann man die Erträge erhöhen oder sogar in der kalten Jahreszeit Produkte anbieten. Schnell wurde erkannt, dass auf diese Weise auch Pflanzen gezüchtet werden können, die sonst nur in südlichen Gegenden wachsen.

Die Betriebe haben sich mit der Zeit spezialisiert und sind heute hoch technisierte Unternehmen.

Die Gemüse- und Blumenbetriebe besitzen riesige Gewächshäuser mit Heizungen, künstlichem Licht und computergesteuerter Bewässerung, Düngung und Klimatisierung (M2–M8). Die Fleischbetriebe betreiben **Massentierhaltung** (siehe S. 106). Die moderne Landwirtschaft wird von intensiver Forschung in den Bereichen Biotechnologie und Lebensmitteltechnik unterstützt.

Die Lebensmittelgeschäfte und Wochenmärkte in den **Benelux**-Ländern, Deutschland und Skandinavien werden heute durch die intensive niederländische Landwirtschaft beliefert.

Zu den landwirtschaftlichen Exportprodukten gehören verschiedenste Gemüsearten, vor allem Tomaten, Gurken, Paprika, Kartoffeln und Salat. Hinzu kommen Blumen wie Tulpen und Nelken. Auch Eier, Butter und Käse werden ausgeführt.

Es gibt aber kritische Verbraucher, die eine solche „industrielle Produktion" ablehnen und lieber Bio-Produkte aus ihrer Heimat kaufen (siehe S. 108).

M2 *Arbeit im Gewächshaus*

M4 *„Hightech-Tomaten" auf künstlichem Boden*

Gewächshäuser brauchen ständig Licht und müssen beheizt oder gekühlt werden. Dafür benötigt man viel Strom und Gas. Zehn Prozent des niederländischen Erdgases wird allein von den Treibhäusern verbraucht. Bei der Gasverbrennung entstehen jedoch Abgase, die auch zur allgemeinen Erderwärmung beitragen. Die Energiepreise sind hoch und treiben manche Bauern in den Ruin: 2008 mussten acht Prozent der bäuerlichen Betriebe aufgeben.

M5 *Hoher Strom- und Gasverbrauch*

Nachts kann man hier auch bei klarem Himmel kaum Sterne erkennen. Die hell erleuchteten Gewächshäuser bilden ein riesiges Lichtermeer. Die meisten Pflanzen erhalten rund um die Uhr Licht. Dadurch steigen die Erträge. Die Anwohner klagen aber über die unnatürliche Helligkeit bei Nacht. Daher müssen die Betriebe seit einiger Zeit für Verdunkelungen sorgen.

M6 *Helligkeit bei Tag und Nacht*

Die Treibhauspflanzen werden bewässert, gedüngt und gegen Schädlinge geschützt. Dünger und Pflanzenschutzmittel geraten leider oft ins Grundwasser. Die Verschmutzung des Grundwassers ist zu einem großen Problem geworden.

M7 *Gefahr für das Grundwasser*

Gewächshauskulturen funktionieren computergesteuert. So wird das ganze Jahr für ideale Wachstumsbedingungen gesorgt. Computer steuern Temperatur, Feuchtigkeit, Frischluft, Dünger sowie optimale Beleuchtung. Die Anlagen sind aber teuer und verbrauchen viel Gas und Strom. Die Pflanzen unter Glas oder Plastik wachsen meist in Kartons mit künstlicher Wolle. Diese ist pflegeleichter als Erde. Jede Pflanze erhält aus einem kleinen Schlauch tropfenweise Wasser und Nährstoffe direkt an die Wurzeln. Die Setzlinge werden oft mit Minirobotern ausgepflanzt.

M8 *Künstliches Klima, künstlicher Boden*

M9 *Gewächshauskultur in den Niederlanden*

❶ Wie kam es zur Gewächshauskultur in den Niederlanden?

❷ Warum kann man in den Gewächshäusern viel höhere Erträge erzielen als im Freiland?

❸ Fasse die Informationen der Karte M9 zusammen.

❹ Erkläre Kosten und Nachteile der modernen Gewächshauskulturen (M2–M8).

❺ a) Warum lehnen manche Verbraucher „Hightech-Gemüse" ab?
b) Welche Art von Produkten würden sie stattdessen gern kaufen?

❻ Erkläre den Begriff „spezialisierte Hightech-Landwirtschaft" am Beispiel der Gewächshauskultur.

Wusstest du schon, dass…

… die Niederlande Exportweltmeister bei Tomaten und Gurken sind?

… in Deutschland durchschnittlich 160 t Tomaten je Hektar geerntet werden, in Holland aber 460 t?

… eine Gewächshaustomate an einem Sommertag etwa vier Liter Wasser braucht?

… die Niederländer schon vor etwa 400 Jahren mit der Blumenzucht begannen? Blumen wurden damals als Mittel gegen den Gestank in den Städten eingesetzt.

M10

Grundwissen / Übung

Die Landwirtschaft verändert sich

Vieles hat sich in der Landwirtschaft geändert

Um 1950 waren in Luxemburg noch 27 Prozent der Erwerbstätigen in der Landwirtschaft beschäftigt, im Jahr 2010 waren es noch etwa 1,5 Prozent. Gleichzeitig gibt es immer weniger Bauernhöfe. Viele Landwirte haben ihre Betriebe aufgegeben, da die Höfe zu klein und die Erträge zu gering waren. Die verbliebenen Bauern vergrößerten ihre Betriebe. Sie kauften oder pachteten Land dazu. 2009 war ein Hof im Durchschnitt 64,9 ha groß (M1).

Auf diesen großen Flächen werden zunehmend Maschinen eingesetzt. Durch die **Mechanisierung** (M2) kann ein Landwirt in der sogenannten **konventionellen Landwirtschaft** heute Nahrung für 142 Menschen erzeugen. 1950 waren es nur zehn. Auch beschränken sich die Bauern heute auf wenige Anbauprodukte oder Vieharten. Einige bauen nur Gemüse an, andere nur Getreide, wieder andere halten nur Milchvieh. Es hat eine **Spezialisierung** stattgefunden. Ausschlaggebend ist oft der **Absatzmarkt** (Info).

Massentierhaltung – zu welchem Preis?

Jeder Einwohner Luxemburgs verzehrt durchschnittlich 92,8 kg Fleisch im Jahr. So viel wiegt ein ausgewachsenes Schwein. Doch wie wird so viel Fleisch erzeugt? Die Antwort ist einfach: Die Landwirte haben die Menge ihrer Erzeugnisse gesteigert (**Intensivierung**, Info).

Eine Möglichkeit der Ertragssteigerung ist die **Massentierhaltung**. Es gibt sie bei Rindern, bei Schweinen (Info, M5) und bei Geflügel (M6). Die Tiere werden in großer Zahl auf engem Raum gehalten. Für den Verbraucher hat diese Produktionsweise den Vorteil, dass das Fleisch in großer Menge angeboten werden kann und daher preiswert ist.

Doch die Massentierhaltung hat viele Kritiker. Sie bemängeln, dass diese nicht artgerecht sei und die Umwelt belaste. Befürworter argumentieren, dass nur mithilfe der Massentierhaltung die Preise niedrig gehalten werden könnten. Außerdem sei auch in der Massentierhaltung eine artgerechte Tierhaltung möglich.

Landwirtschaft in Luxemburg	1958	1990	2009
Betriebe insgesamt	10 346	3 803	2 242
Durchschnittliche Fläche eines Betriebes (in ha)	13,6	38,4	64,9
Gesamte Anbaufläche (in ha)	140 263	126 298	130 762

M1 *Entwicklung der Landwirtschaft in Luxemburg*

INFO Die Rolle des Absatzmarktes

Oft bestimmen der Boden und das Klima, auf welche Tiere und Pflanzen sich ein Landwirt spezialisiert. Aber auch der **Absatzmarkt** ist ausschlaggebend. Wenn viele Kunden ein Erzeugnis kaufen wollen, spricht man von einem großen Absatzmarkt. Dann lohnt es sich, genau dieses Produkt herzustellen, und zahlreiche Landwirte werden sich auf dieses Produkt spezialisieren.

INFO Intensivierung in der Landwirtschaft

Bei einer **Intensivierung** der Landwirtschaft werden auf gleicher Fläche mehr Tiere gehalten und Nahrungsmittel erzeugt als vorher. Das heißt auf gleich großer Ackerfläche erntet der Landwirt eine größere Menge. Das gelingt ihm mithilfe von Dünger und besseren Maschinen sowie durch eine dichtere Bepflanzung. Bei der Viehhaltung heißt das, dass die Ställe stärker ausgenutzt sind. Mehr Tiere können von einer Person versorgt werden.

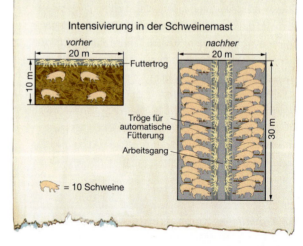

Intensivierung in der Schweinemast

Wir erkunden einen Bauernhof

M2 *Der Landwirt auf seinen Traktor*

Besucht mit eurer Klasse einen Bauernhof in der Nähe eurer Schule und stellt den Hof nach dem Besuch auf einem Plakat vor.
Bevor ihr losgeht, solltet ihr euch einige Fragen überlegen, welche ihr dem Bauern oder der Bäuerin stellen könnt.

Zu folgenden Themen könntet ihr zum Beispiel Fragen stellen:

- Lage des Betriebes
- Naturraum (z.B. Boden, Klima)
- Größe des Betriebes (z.B. Zahl der Arbeitskräfte, Fläche, Zahl der Tiere, Zahl der Maschinen)
- Anfallende Arbeiten und Arbeitszeiten
- Verwendung der Maschinen
- Mittel um Erträge zu steigern (z.B. Dünger, Kraftfutter)
- Entwicklung des Betriebes (z.B. Intensivierung, Spezialisierung)
- Verkauf der Erzeugnisse (z.B. Hofladen, großer Abnehmer)

Vergesst nicht, viele Fotos zu machen, die ihr später für euer Plakat benutzen könnt. Bringt auch Produkte mit, die auf dem Hof erzeugt wurden und zeigt sie, wenn ihr den Hof in der Klasse vorstellt.

M4 *So geht ihr vor*

❶ Die Landwirtschaft in Luxemburg hat sich stark verändert. Nenne Beispiele dafür (M1).

❷ Liste Vor- und Nachteile der Spezialisierung in der Landwirtschaft auf.

❸ Wann muss ein Landwirt seinen Betrieb aufgeben? Nenne mindestens zwei Gründe.

❹ Oft hört man Bauern klagen, die Lebensmittelpreise seien einfach zu niedrig. Was denkst du über diese Behauptung? Begründe (M3).

❺ Intensivierung in der Landwirtschaft kostet Geld und bringt Geld. Erkläre das anhand der Massentierhaltung (Info, M5, M6).

M5 *Lebenslauf von Mastschweinen*

M6 *Kleingruppenkäfig mit Dämmerbeleuchtung und Staubbad auf halber Käfighöhe.*

M3 *Verkaufspreise in der Landwirtschaft früher und heute*

Grundwissen / Übung

Öko-Landwirtschaft – was bedeutet das?

In der **ökologischen Landwirtschaft** arbeitet ein typischer Hof in einem möglichst selbstständigen, natürlichen Kreislauf. Der Hauptteil des Futters für die Tiere wird auf eigenen Feldern angebaut. Mit dem anfallenden Mist werden die Felder gedüngt. Dadurch wird der Boden fruchtbar und bringt neues, gutes Futter. Es werden keine chemischen Dünger und Pflanzenschutzmittel verwendet. Das ist eine sogenannte **nachhaltige Wirtschaftsweise**. Man kann sie dauerhaft betreiben, ohne dass der Boden belastet wird (M2).

Kühe (M4, M7, M8), Schweine (M5) und Hühner erhalten bei einer ökologischen Landwirtschaft viel Platz im Stall und auch draußen. Es wird eine artgerechte Tierhaltung angestrebt.

Die Zahl der Tiere richtet sich danach, ob ausreichend Viehfutter auf dem eigenen Hof angebaut wird (**extensive Landwirtschaft**). Auch beim Anbau wird darauf geachtet, dass der Boden schonend bearbeitet wird. Er darf nicht zu fest werden, wenn die Pflanzen gut wachsen sollen. Ein abwechslungsreicher **Fruchtwechsel** verhindert, dass dem Boden einseitig Nährstoffe entzogen werden.

Öko- oder Bio-Landwirtschaft braucht mehr Arbeitskräfte und größere landwirtschaftliche Flächen. Das macht die erzeugten Nahrungsmittel teurer. Sie werden in Hofläden, auf Wochenmärkten oder in Bioläden verkauft, aber auch in immer mehr Supermärkten.

Die Öko-Landwirtschaft wird in Europa (M3) zwar immer wichtiger, jedoch hat sie zum Beispiel in Luxemburg erst einen Anteil von etwa fünf Prozent an der gesamten landwirtschaftlich genutzten Fläche.

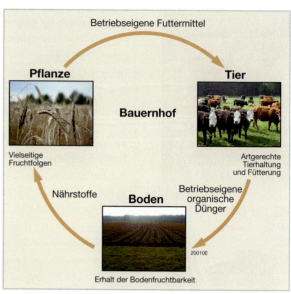

M2 *Ökologische Landwirtschaft – Wirtschaften im natürlichen Kreislauf*

M1 *Biolabel*

Land	Anteil der Öko-Fläche an der gesamten Anbaufläche in %	Land	Anteil der Öko-Fläche an der gesamten Anbaufläche in %
Belgien	2,4	Malta	0,1
Bulgarien	0,3	Niederlande	2,5
Dänemark	5,5	Österreich	11,7
Deutschland	5,1	Polen	1,8
Estland	8,8	Portugal	9,4
Finnland	6,5	Rumänien	1,0
Frankreich	1,9	Schweden	8,0
Griechenland	7,0	Slowakei	8,4
Großbritannien	3,8	Slowenien	5,9
Irland	1,0	Spanien	3,9
Italien	9,0	Tschechische Republik	8,9
Lettland	9,8	Ungarn	2,9
Litauen	4,5	Zypern	1,4
Luxemburg	5,0	Gesamt	4,1

M3 *Öko-Landwirtschaft in der EU-27*

M4 *Gallowayrinder im Ösling*

M7 *Landwirt beim Tränken eines von der Mutter verstoßenen Kalbes*

M5 *Wiederentdeckung alter Rassen: Bentheimer Schweine in Olm*

M8 *Bio-Landwirtschaft: Charolais-Rinder auf dem Kintzlés-Haff*

„Der Hof gehört meiner Familie bereits sehr lange. Ich habe ihn von meinen Eltern übernommen", erzählt Landwirtin Fernande. „Im Jahr 2003 haben mein Mann Jemp und ich den ehemals konventionellen Betrieb der Eltern auf biologische Landwirtschaft umgestellt.
Dafür mussten wir uns verpflichten, die Richtlinien der „Vereenegung fir biologesche Landbau" einzuhalten, u. a. dass wir ausschließlich ökologische Produkte verwenden und herstellen, sowohl was die Pflanzen angeht als auch die Tiere. So bauen wir z. B. den größten Teil des Futters für unsere Tiere selbst an, verzichten auf chemischen Dünger und unsere Jungtiere stammen aus eigener Aufzucht.
Unser Hof wird regelmäßig kontrolliert, sodass jederzeit sichergestellt ist, dass unsere Produktionsweise den Richtlinien entspricht und wir das Biolabel zu Recht besitzen."

M6 *Der Kintzlés-Haff in Harlange*

❶ In welchen EU-Ländern ist die Bio-Landwirtschaft am meisten verbreitet (M3)?

❷ Welche Vor- und Nachteile gibt es bei der konventionellen Landwirtschaft, welche bei der biologischen Landwirtschaft?

❸ Erkläre, inwiefern der Kintzlés-Hof typisch für ökologische Landwirtschaft ist (M6 und M8).

❹ Bio-Produkte sind meist teurer als Produkte von herkömmlichen (konventionell produzierenden) Bauernhöfen. Sollte man sie trotzdem kaufen? Finde Argumente dafür und dagegen und nimm Stellung.

❺ a) Welche Informationen erhalten die Käufer durch Biolabel (M1, M6)?
b) Welche anderen Biolabel kennst du?

Grundwissen / Übung

M1 *Airbus A380*

Airbus – Teamwork in Europa

Konkurrenz in einer globalisierten Welt

Nach der Entdeckung der Neuen Welt im 15. Jahrhundert wurde der Handel zwischen den Völkern immer intensiver.

Der technische Fortschritt im Allgemeinen, aber besonders die verbesserten Kommunikationsmedien und Transportmittel (z.B. Containerschiffe und Riesentanker) haben dazu geführt, dass große Unternehmen weltweit agieren und miteinander konkurrieren. Man spricht heute von einer globalisierten Weltwirtschaft (M3). Oft können nur noch größere Konzerne in diesem Wettbewerb bestehen.

Der Flugzeugbau ist ein Beispiel. Vor rund 50 Jahren konkurrierte noch eine Vielzahl europäischer Flugzeugbauer um Aufträge der Fluglinien. Diese Unternehmen konnten aber für sich allein nicht auf dem Weltmarkt bestehen.

Airbus-Industrie

In den 1970er-Jahren gründeten deshalb mehrere Firmen aus Frankreich, Deutschland, Spanien und Großbritannien den Airbus-Konzern, den größten Flugzeughersteller Europas. Anstatt gegeneinander wollte man miteinander neue Projekte entwickeln. Durch die Zusammenarbeit wollte man voneinander profitieren, mehr Kapital und Knowhow zusammenziehen und Kosten sparen. Damit sollte Airbus den großen US-amerikanischen Flugzeugbauern Konkurrenz machen.

Airbus baut inzwischen Passagierflugzeuge für Kurz-, Mittel- und Langstrecken, aber auch Transport- und Militärmaschinen. Rund 60 000 Beschäftigte arbeiten im Jahr 2010 in Fabriken an rund 30 Standorten in den vier beteiligten Ländern. Auch in China, Indien und den USA besitzt Airbus Tochterfirmen und Entwicklungszentren.

M2 *Airbus-Transportflugzeug „Beluga"*

Wusstest du, dass der Airbus A380 …
- das größte Passagierflugzeug der Welt ist?
- ungefähr 550 bis 850 Passagieren Sitzplätze bietet?
- besonders von asiatischen Airlines nachgefragt wird?
- aus rund 3,5 Mio. Einzelteilen zusammengebaut wird? Diese werden zwischen den verschiedenen Produktionsstätten hin- und hergeflogen, -gefahren oder verschifft.
- in der Herstellung zwei Jahre pro Maschine benötigt?
- ein Steuer hat, das wie ein Joystick aussieht?
- Konkurrenz aus den USA bekommen hat? Boeing baut ein neues, sparsames Langstreckenflugzeug, den „Dreamliner" für 200 bis 300 Passagiere.

Globalisierung bedeutet, dass immer mehr wirtschaftliche, politische und kulturelle Aktivitäten international stattfinden. Die weltweiten Verflechtungen nehmen zu. Dies erkennt man an weltweit operierenden multinationalen Konzernen, „Multis" oder „Global Player" genannt.

M3 *Globalisierung*

M4

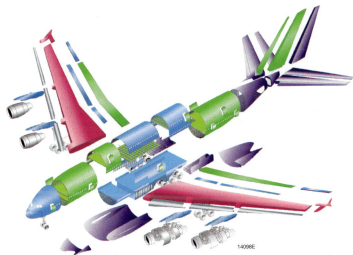

M5 *Der Airbus A 380 – ein Gemeinschaftsprojekt*

M7 *Transport per **Binnenschiff***

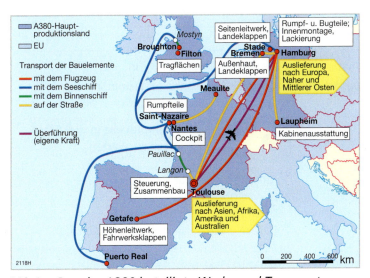

M6 *Am Bau des A380 beteiligte Werke und Transportwege*

M8 *Transport per Hochseeschiff*

❶ Erkläre den Begriff „Globalisierung" und gib Beispiele.

❷ a) Nenne die Länder, die sich am Bau des Airbus A 380 beteiligen.
b) Welche Teile werden wo produziert (M5, M6)?

❸ Die Zusammenarbeit beim Airbus hat gute und schlechte Seiten:
a) Nenne Vorteile der Zusammenarbeit.
b) Welche Schwierigkeiten können sich ergeben?

❹ Durch zunehmende Globalisierung entsteht auch wachsende Konkurrenz. Welche negativen Folgen können daraus entstehen?

❺ Der Airbus-Konkurrent Boeing aus den USA bietet ein kleineres Flugzeug für Langstrecken an. Wo liegen seine Vorzüge gegenüber dem A 380? Nutze das Internet.

M9 *Transport über Land*

Grundwissen/Übung

111

Eine Tabelle auswerten

M1 *Der Aufbau einer Tabelle*

Kantone	2000	2005	2009	2010
	1.5	3.6	4.9	4.6
Clervaux	2.7	5.2	6.1	6.5
Diekirch	2.5	5.2	6.5	6.5
Echternach	3.7	6.1	7.6	7.5
Esch	3.8	5.9	8.5	9.0
Grevenmacher	1.4	3.7	4.9	5.0
Luxembourg	2.6	6.2	6.5	6.7
Mersch	1.7	4.4	5.2	5.1
Redange	1.8	3.0	4.6	4.7
Remich	2.2	4.0	5.4	5.6
Vianden	4.3	6.6	6.8	6.9
Wiltz	3.5	6.1	6.9	7.7

M3 *Entwicklung der Arbeitslosenquote in den Kantonen Luxemburgs (je 31.12.)*

M2 *Lage der Luxemburger Kantone*

❶ Beschreibe den Aufbau einer Tabelle (M1).

❷ Werte die Tabelle M3 entsprechend der Schrittfolge aus.

Eine Tabelle in drei Schritten auswerten

1. Überblick verschaffen
a) Lies die Überschrift und die Tabellenunterschrift. Du erhältst dort Hinweise zum Thema der Tabelle. Schlage unbekannte Begriffe im Lexikon nach.
b) Stelle fest, ob sich die Daten auf ein bestimmtes Jahr beziehen. Sind die Daten für mehrere Jahre ausgewiesen, kannst du sie vergleichen und Entwicklungen erkennen.

2. Beschreiben
a) Stelle in den einzelnen Spalten die Maßeinheiten und -angaben sowie die höchsten und niedrigsten Werte fest. Beschreibe die Verteilung der anderen Daten zwischen den beiden Extremwerten.
b) Vergleiche ausgewählte Werte miteinander.

3. Erklären
c) Untersuche mögliche Zusammenhänge zwischen den Daten der einzelnen Spalten.
d) Fasse die Gesamtaussagen der Tabelle in einem kurzen Text zusammen. Nutze dabei die in der Tabellenunterschrift und im Tabellenkopf verwendeten Begriffe.

Ein Diagramm auswerten

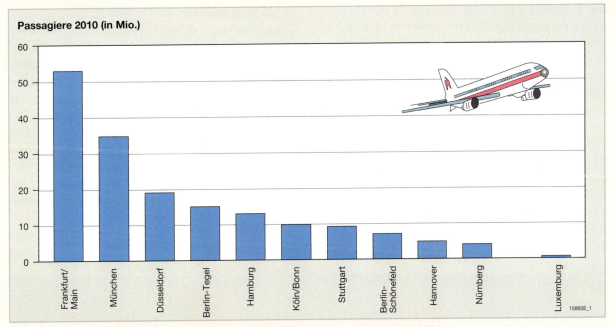

M4 *Starts und Landungen an deutschen Flughäfen und in Luxemburg 2010*

 **Ein Diagramm in drei Schritten auswerten**

1. Überblick verschaffen
a) Stelle das Thema, zu dem Aussagen gemacht werden, fest. Lies dazu den Untertitel des Diagramms. Schlage die unbekannten Begriffe in einem Lexikon nach.
b) Benenne die Diagrammform.

2. Beschreiben
a) Erfasse den Zeitraum der im Diagramm abgebildeten Werte sowie den Zeitpunkt der Datenerhebung. Ermittle die Maßeinheit der Angaben.
b) Beschreibe die Verteilung der Werte. Ermittle zunächst den höchsten und niedrigsten Wert. Sind Angaben für mehrere Jahre vorhanden, vergleiche die Daten miteinander. Beschreibe die Veränderungen der Zahlenwerte im vorgegebenen Zeitraum.

3. Erklären
a) Untersuche, ob es Zusammenhänge zwischen den dargestellten Angaben gibt.
b) Formuliere Feststellungen zu den abgebildeten Daten sowie deren Verteilung. Fasse die Gesamtaussage des Diagramms in Sätzen zusammen.

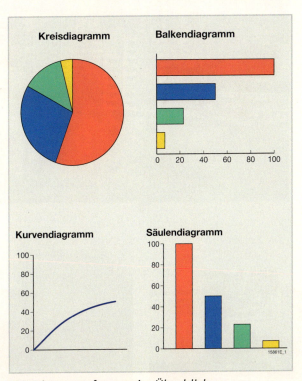

M5 *Diagrammformen im Überblick*

❸ Suche zu den Diagrammformen jeweils ein Beispiel in Zeitungen oder im Internet.

❹ Werte das Diagramm M4 entsprechend der Schrittfolge aus.

Grundwissen/Übung

Lebensraum Stadt

Die Europäer leben und arbeiten in verschiedenen Siedlungstypen. Man unterscheidet dabei kleine und große Städte auf der einen Seite und ländliche Gebiete mit vielen Dörfern auf der anderen. Daneben gibt es aber noch Einzelhöfe, Schlösser, Klöster oder Kasernen des Militärs.

Das Leben in der Stadt hat viele Vorteile. Städte bieten meist viele verschiedene Arbeitsplätze. Zur Schule oder Arbeit, zum Supermarkt oder ins Kino muss man keine weiten Wege zurücklegen. Das öffentliche Verkehrsnetz ist meist gut ausgebaut. Städte besitzen ein großes kulturelles Angebot für Einheimische und Besucher. Städtische Attraktionen können sogar Touristen aus aller Welt anlocken.

In Städten werden Busse, Straßenbahnen und Züge benutzt, in einigen Städten auch U-Bahnen. Wichtige Großstädte besitzen nicht nur mehrere Bahnhöfe, sondern auch Flughäfen oder Häfen. Hier konzentrieren sich Industrien und Gewerbezonen mit vielen Dienstleistungen. Städte sind Knotenpunkte des Verkehrs und des Handels.

Städte gliedern sich in verschiedene Viertel: Die meisten Geschäfte finden sich im Stadtzentrum, oft in Fußgängerzonen. Rund um diese Stadtmitte, auch City genannt, liegen Wohngebiete, Industrie- und Gewerbegebiete sowie Erholungszonen, also Grünanlagen und Parks (M1). Die Umgebung einer Stadt wird als Umland bezeichnet.

M1 *Gliederung einer Stadt: A Wohngebiet (Köln-Chorweiler), B Industrie- und Gewerbegebiet (Köln-Ossendorf, C Grünfläche (Rheinpark in Köln), D Stadtzentrum (Hohe Straße in Köln)*

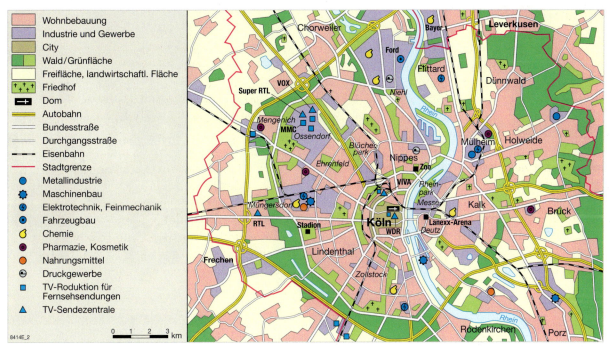

M2 *Flächennutzung in Köln*

Wat och passeet	Was auch passiert
Dat eine es doch klor	Das eine ist doch klar
Et schönste, wat m'r han	Das Schönste, was wir haben
Schon all die lange Johr	Schon all die langen Jahre
Es unser Veedel	Ist unser Viertel
Denn he hält m'r zosamme	Denn hier hält man zusammen
Ejal, wat och passeet	Egal was auch passiert
En unserem Veedel	In unserem Viertel

M3 *Text eines Liedes der Black Fööss*

"Wéi wier et mat engem Cours a Kölsch?"

❶ Nenne die unterschiedlichen Siedlungstypen in Europa.

❷ a) Liste die Vorteile des Stadtlebens auf.
b) Überlege, welche Nachteile das Leben in der Stadt haben kann.

❸ Beschreibe die Gliederung einer Stadt (M1).

❹ Ordne die Fotos von M1 der Karte M2 zu.

❺ Lies den Liedtext M3. Was wird damit ausgedrückt?

❻ Die größten Industriegebiete einer Großstadt liegen am Stadtrand. Nenne Gründe.

Grundwissen / Übung

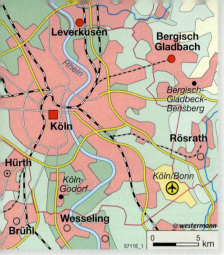

M1 *Lage von Hürth*

M2 *Im Neubaugebiet von Hürth-Efferen*

> **INFO Pendler**
> **Pendler** nennt man Menschen, die regelmäßig ihren Wohnort verlassen, um in einem anderen Ort zu arbeiten oder dort eine schulische oder berufliche Ausbildung machen. Man unterscheidet also Berufspendler und Ausbildungspendler.

Im Umland einer Großstadt

Wohnen im Grünen – die Großstadt vor der Tür

Sophie und Kevin wohnen in Hürth, einer mittelgroßen Stadt mit über 50 000 Einwohnern im Kölner Umland. Als sie noch klein waren, zogen die Eltern von Köln dorthin. Damals gab es noch viele Baustellen. Wo früher Äcker, Wiesen oder sogar Wälder waren, entstanden Neubaugebiete mit vielen Einfamilienhäusern.

Hürth ist heute eine moderne Stadt. Im Zentrum beim Rathaus liegen Geschäfte, ein Schulzentrum und ein Sport- und Freizeitzentrum. Außerdem gibt es neue Spielplätze. Viele Straßen sind verkehrsberuhigte Spielstraßen (M2).

Sophie und Kevin haben schnell Freunde gefunden, weil in Hürth viele junge Familien wohnen. Ihr Vater pendelt jeden Tag zur Arbeit in die Kölner City (Info). Er stellt das Auto auf einen **Park-and-Ride**-Platz (Info) und nimmt dann die Stadtbahn in die Kölner Innenstadt. So kann die Familie „im Grünen" wohnen und wenn sie wollen, in die nahe Großstadt fahren.

Partnerschaft von Stadt und Umland

Die Stadt Köln und ihr Umland sind vielfältig miteinander verbunden. Die Kölner kommen aufs Land zur Naherholung. Die Großstadt nutzt große Flächen des Umlandes für Industrien, Mülldeponien oder Verkehrseinrichtungen wie den Flughafen oder große Bahn-Containerterminals. Umgekehrt fahren die Umlandbewohner nach Köln zur Arbeit, zur Ausbildung und zum Einkaufen. Sie nutzen auch das große Kultur- und Bildungsangebot.

Damit die Stadt-Umland-Beziehungen gut funktionieren, stehen den Menschen im Kölner Raum verschiedene öffentliche Verkehrsmittel zur Verfügung: Sie können wählen zwischen Zug, Straßenbahn, U-Bahn und Bussen. Obwohl diese dichte Fahrpläne haben, wird oft das Auto benutzt. Besonders morgens und spät nachmittags, wenn der Berufsverkehr am intensivsten ist, gibt es viele Staus. Auch der mehrspurige Autobahnring (siehe M1) ist dann überfüllt.

M3 *Öffentliche Verkehrsmittel im Raum Köln (Ausschnitt)*

M4 *Beziehungen zwischen Stadt und Umland*

❶ Beschreibe die Lage von Hürth und ermittle die Entfernung zum Kölner Stadtzentrum. Nutze dazu das Internet.

❷ Zeige die Vorteile auf, die das Umland einer Großstadt bietet.

❸ Erkläre den Begriff „Pendler" (Info S. 132).

❹ Erläutere die Beziehungen zwischen dem Zentrum einer Großstadt und dem Umland (M4).

❺ Wie kommst du
a) von Hürth-Hermülheim zum Dom am Kölner Hauptbahnhof
b) von der Brahmsstraße im Kölner Westen zum Bahnhof Porz auf die andere Rheinseite (M3)?

❻ Erkläre den Sinn von Park-and-Ride-Systemen (Info).

INFO Park-and-Ride-System

nennt man Parkplätze für Autos an Haltestellen des öffentlichen Verkehrs. Autofahrer können ihr Fahrzeug abstellen und zur Weiterfahrt in die Stadt den Bus, Zug oder die Straßenbahn nehmen. Auf die Art will man Staus im Straßenverkehr vermeiden.

Grundwissen/Übung

Lebensraum Dorf – gestern und heute

Leben auf dem Land früher

In der Vergangenheit spielte die Landwirtschaft eine große Rolle im Dorfleben. Es gab viele kleine Bauernhöfe, die alle möglichen tierischen und pflanzlichen Lebensmittel für sich und den Markt produzierten.

Die Arbeit und das Leben waren hart, Freizeit gab es kaum. Meist musste die ganze Familie mithelfen. Viele Arbeiten mussten per Hand verrichtet werden. Kanalisation war meist unbekannt. Einkaufsmöglichkeiten waren selten, die ärztliche Versorgung war schlecht.

Die Kinder gingen in die Dorfschule, wo oft mehrere Altersgruppen zusammen in einer Klasse unterrichtet wurden. Die kleine Kirche war voll besetzt beim sonntäglichen Gottesdienst. Die Menschen aus den Dörfern kamen selten in die nächste Stadt, denn die Verkehrsverbindungen waren schlecht. Die einzigen Höhepunkte waren das Pfarrfest und das Dorffest.

Das Landleben heute

Die Dörfer sind gewachsen und moderner geworden. Sie sind heute an Kanalisation und Straßennetz angeschlossen. Die Zahl der bäuerlichen Betriebe ist stark zurückgegangen. Die wenigen Bauern haben die Höfe modernisiert, benutzen Maschinen und haben sich oft auf die Erzeugung bestimmter Produkte spezialisiert.

Die meisten Menschen arbeiten überhaupt nicht mehr in der Landwirtschaft. Ein großer Teil der Dorfbewohner fährt mit dem Auto zur Arbeit in die nächste Stadt. Neue Dorfbewohner kamen hinzu, neue Wohnhäuser entstanden. Es gibt heute Telefone, Handys und Internet. Ein kleiner Dorfladen ist da, ein Landarzt und ein Jugendklub.

Trotzdem beklagen sich viele Dorfbewohner über fehlende Schulen und Einkaufsmöglichkeiten. Der Bahnhof wurde mittlerweile geschlossen. Gottesdienste gibt es nur alle zwei Wochen.

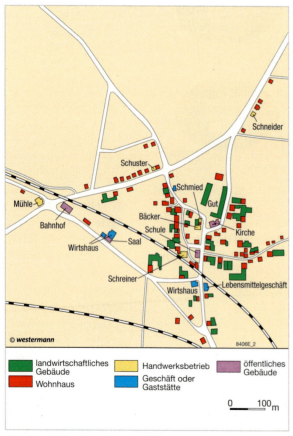

M1 *Typisches Dorf um 1950*

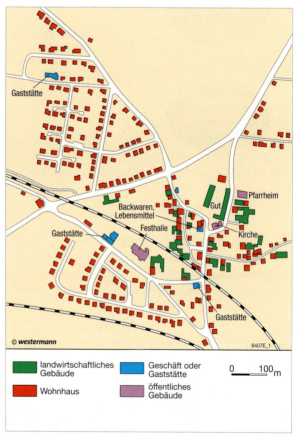

M2 *Das Dorf heute*

M3 *Typisches Dorf heute*

M5 *Am Schulbus (A), „rollendes" Geschäft (B)*

❶ Analysiere M1 und M2. Welche wichtigen Veränderungen sind festzustellen?

❷ Vergleiche das Dorfleben früher und heute. Lege eine Tabelle an.

❸ Wie ergänzen sich Stadt und Land (M4)?

❹ „Früher war das Landleben doch etwas richtig Schönes." Nimm Stellung zu der Aussage.

❺ Zeige Probleme des Landlebens heute und deren Lösung (M5).

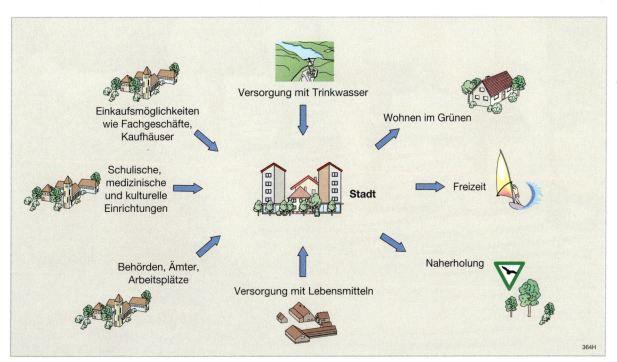

M4 *Stadt und Land ergänzen sich*

Grundwissen/Übung

Tourismus und Verkehr in Europa

Auf dem Weg zum Strand – Südfrankreich

In den Alpen – Österreich

Tourismus in Europa

Reisen gehört heute für viele Menschen zu ihrem Lebensstil. In der Vergangenheit war es nur den Reichen möglich, einen Teil ihrer Freizeit an fremden Orten oder gar in fremden Ländern zu verbringen. Heute verfügen viele Menschen in Europa über Zeit und Geld für touristische Aktivitäten. Manche Familien fahren sogar mehrmals im Jahr für längere Zeit in die Ferien.

Einige Regionen haben sich auf den **Fremdenverkehr** spezialisiert (M2), da er Einnahmen und Arbeitsplätze verspricht.

Der **Tourismus** hat dabei aber Natur und Landschaft stark verändert. Es wurden Hotels, Restaurants, Straßen und Sportanlagen gebaut. Reisen erzeugt auch Verkehrsströme auf der Straße, auf der Schiene und in der Luft. In manchen Gegenden beklagen sich die Einheimischen über den Verkehr, den Abfall oder die gestiegenen Preise. Oft gibt es auch Beschwerden über das gedankenlose Verhalten mancher Touristen.

M1 *Tourismus in Europa*

Tertiärer Sektor (S. 96)
Der Teil der Wirtschaft, der Dienstleistungen erbringt: Handel, Banken, Verkehr, Tourismusgewerbe, Verwaltung, Bildungs- und Gesundheitswesen, freie Berufe (z.B. Ärzte, Künstler).

Thermometer (S. 68)
Messgerät zur Bestimmung der Temperatur.

Tiefdruck (S. 73)
Luftmasse mit aufsteigender Luftbewegung, Wolkenbildung und vergleichsweise niedrigem Luftdruck am Boden (Gegenteil: Hochdruck).

Tourismus (S. 122)
Siehe Info auf S. 123.

Troposphäre (S. 66)
Die unterste Schicht der Atmosphäre heißt Troposphäre. Sie reicht bis in 10 km Höhe. In ihr findet das Wettergeschehen statt.

Übergangsklima (S. 86)
Siehe Text auf S. 86.

Vegetationszone (S. 87)
Siehe Text auf S. 87.

Weltall (S. 34)
auch: Universum. Grenzenloser Raum, der unsere Erde umgibt und alle Planeten, Sterne, Galaxien umfasst.

Wetter (S. 66)
Das Zusammenwirken von Temperatur, Luftdruck, Niederschlag, Wind und Bewölkung zu einem bestimmten Zeitpunkt an einem bestimmten Ort. Man beobachtet und misst das Wetter in den Wetterstationen.

Wettersatellit (S. 66)
Ein Wettersatellit ist ein Raumflugkörper, der die Erde umkreist und dabei Daten über das Wettergeschehen sammelt und zur Erde überträgt.

Wind (S. 74)
Luftströmung zwischen einem Gebiet mit Hochdruck und einem Gebiet mit Tiefdruck. Je stärker der Druckunterschied, desto stärker der Wind.

Windrose (S. 18)
Zeichnerische Darstellung der Himmelsrichtungen. Die Haupthimmelsrichtungen sind mit ihren Unterteilungen eingetragen.

Windstärke (S. 75)
Die Windstärke wird mithilfe der Beaufort-Skala bemessen. In 18 Stufen werden Winde nach ihrer Geschwindigkeit klassifiziert.

Zeitzone (S. 54)
Siehe Info auf S. 54.

Bildquellenverzeichnis

Administration du cadastre et de la topographie, Grand-Duché de Luxembourg, Luxemburg: 20 M1, 23 M5, 23 M6; Aerophoto-Schiphol b.v., Schiphol: 104 M3; Airbus Deutschland GmbH, Hamburg: 110 M2; Airbus Press Department, F-Blagnac: 110 M4; Airbus S.A.S., F-Blagnac: 111 M8, 111 M9; akg-images, Berlin: 17 M2, 37 M4; alimdi.net, Deisenhofen: 122 M1 o.li. (Gerhard Zwerger-Schoner); Arbeitsgemeinschaft für artgerechte Nutztierhaltung e.V., Stelle: 107 M6; Arend, Jörg, Wedel: 96 M1 re.; Artbox Grafik & Satz GmbH, Bremen: 18 M2; Astrofoto, Sörth: 3 u. und 32/33, 4 m. und 82/83; Baaske Cartoons, Müllheim: 88 M2 (Gerhard Mester); Betz, Prevorst: 129 M8 o., 129 M8 u.; Bioland e.V., Mainz: 108 M1 Bioland; Blickwinkel, Witten: 4 o. und 62/63 (A. Hartl); Blinde Kuh e.V., Hamburg: 39 M4 Blinde Kuh; Blume Bild, Celle: 125 M5; Corbis, Düsseldorf: 24 M1 (D. Lees), 122 u.re. (David Stoecklein), 130 M3 (Sandro Vannini); Deutsche Lufthansa AG, Frankfurt/Main: 97 M1 m.re. (Rolf Bewersdorf); Deutscher Wetterdienst (DWD), Offenbach: 67 M5; DLR Deutsches Zentrum für Luft- und Raumfahrt, Weßling, OT Oberpfaffenhofen : 38 M1; dreamstime.com, Brentwood: 11 M2 (Sergii Koval), 28 M4 (Macsim), 47 M6 (Pat Olson), 59 M7 (Robnroll), 72 M1 (Isselee), 89 M3 li. (Steve Allen), 101 M3 re. (Michal Baranski); Druwe & Polastri, Cremlingen/Weddel: 97 M1 m.li.; EADS Deutschland GmbH, München: 110 M1; Elvenich, E., Hennef: 39 M5, 137 M3; ESA/ESOC, Darmstadt: 66 M1 (D. Ducros 2002); Europäische Union/Europäischer Rechnungshof, Luxemburg: 91 M7; Europäisches Parlament, Berlin: 91 M4; fotolia.com, New York: 8 M5 (chattange), 28 M3 (Caroline Schrader), 59 M5 (Photlook), 59 M6 (artesenc), 59 M8 (Hansjuerg Hutzli), 89 M5 (mirubi), 90 u.li. (moonrun), 91 M6 (kuegi), 97 M1 li. (hapat), 98 M2 o.m. (Herbie); frag finn EV, Berlin: 39 M4 frag FINN; Fremdenverkehrsbüro Benidorm: 124 M3; Gaffga, Peter, Eggenstein-Leopoldshafen: 77 M7; Ganser-Servé, Nicole, Esch/Alzette: 15 M2; Geis, Gerd, Köln: 114 M1 B, 114 M1 C; Gerichtshof der Europäischen Union, Luxemburg: 91 M5; Germanisches Nationalmuseum, Nürnberg: 40 M1; Getty Images, München: 88 M1 (Janek Skarzynski/AFP); Hafen Hamburg Marketing e.V., Hamburg: 133 M5; Hamburger Abendblatt: 76 M3 (Roland Magunia); Hell, Essen: 67 M6; Hergé/Moulinsart 2012, B-Bruxelles: 16 M1; iStockphoto.com, Calgary: 8 M3 (vichie81), 8 M4 (amriphoto), 9 M10 (guenterguni), 9 M11 (1001nights), 9 M6 (Elvira), 9 M7 (Frizi), 9 M9 (guenterguni), 16/17 Hintergrund (venturecx), 17 M3 (antb), 17 M4 (Bet_Noire), 28 M2 (gcoles), 37 M5 (Nicholas Monu), 39 M4 Google (tomch), 42 M1 (simon askham), 43 M4 (Lokibaho), 53 M5 (isoft), 74 M1 (Richmatts), 75 M6 (allyclark), 84 M1 (VLIET), 84 M3 (fotoVoyager), 89 M3 re. (Mlenny), 91 M2 (Jorisvo), 96 M1 li. (sdigzps), 96 M1 m.li. (kzenon), 96 M2 (laflor), 97 M1 re. (EdStock), 98 M2 o.li. (matka_Wariatka), 98 M2 o.re. (MiguelMalo), 98 M2 u.li. (Sisoje), 98 M2 u.m. (stuartbur), 98 M2 u.re. (EmirMemedovski), 100 M2 (pixel1962), 101 M3 li. (Alexan2008), 5 o. und 120 (Squaredpixels), 5 u. und 121 (amriphoto), 122 M1 u.li. (Sergey Borisov); Kass, Maryse, Koerich: 108 M1 BIO-Landbau, 109 M4, 109 M5, 109 M7, 109 M8; Klingsiek, Georg, Petershagen: 69 M6; Landesmedienzentrum Baden-Württemberg, Stuttgart: 126 M3 (Albrecht Brugger); Latz, Wolfgang, Linz: 73 M6, 119 M5 u.; Leditznig, Karin, Bad Endorf: 46 M1; Leiner, Roger, L-Rollingen-Mersch: alle Illus Geofiguren; Lineair Fotoarchief, Berlin: 104 M2 (Ton Koene); List, Jean-Luc, L-Rollingen: 3 o. und 6/7, 8 M1, 8 M2, 15 M3, 15 M4, 27 M1; LOOK-foto, München: 124 M1 (Jan Greune); Lüftner, Werner, Schlier: 81.1 Bild 3; Matzen, H., Selk: 40 M4; mauritius images, Mittenwald: 98 M3 (age), 99 M5 (age), 127 M5 (Reichart); Michel, M., Neu-Isenburg: 102 M2, 103 M4; Mühr, Bernhard, Der Karlsruher Wolkenatlas/www.wolkenatlas.de, Karlsruhe: 70 M1 re.; Müller, Katja, Braunschweig: 107 M2; NASA, Houston/Texas: 43 M5, 54 M2; Nebel, Jürgen, Muggensturm: 61 u.; Ötztal Tourismus, Sölden: 128 M1 (Much Heiss), 128 M2; OKAPIA-Bildarchiv, Frankfurt/Main: 104 M4 (Reinhard); Pflügner, Matthias, Berlin: 24 u.; Picture-Alliance, Frankfurt/Main: 37 M3 (akg-images/Erich Lessing), 40 M3 (akg-images), 45 M4 o. (Uwe Gerig), 45 M4 u. (PA Butterton), 4 u. und 94/95 (De Tienda), 114 M1 D (Damm), 116 M2 (JOKER/Petra Steuer, 119 M5 o. (Wüstneck), 122 M1 o.re. (M. Lorenzo), 125 M4 (dpa/epa efe Montserrat T Diez), 130 M2 (Antoine Antoniol, Bloomberg News, Landov), 132 M3 (Vos/ANP); Q.A. Photos Ltd., Hythe/Kent: 130 M4; Richter, Ulrike, Malsch: 71 M6 re.u., 72 M2, 72 M3 u.; Rixe, Dieter, Braunschweig: 81.1 Bild 4; Rogge, F., Baden-Baden: 71 M7, 73 M4; RWE AG, Konzernpresse/www.rweimages.com, Essen: 100 M1 (Langen), 103 M5, 103 M6; Schleich, Rol/www.schleich.lu, Hostert/Niederanven: 20 M2; Schnare, C.-D., Braunschweig: 119 M3; Schulthess, Emil, Forch/ Zürich: 60 M2; Schönauer-Kornek, Sabine, Wolfenbüttel: 14 M1 teilweise, 18 M3, 19 M4 o., 30.2 Illu, 34 M4, 41 M6, 50 o., 54 M1 Illus, 69 M4, 69 u.re., 70 o.li., 124 M2, 124 u.re., 134 u.; Silis-Hoegh, Inuk, Kopenhagen: 9 M8; Stadler, Fürstenfeldbruck: 99 M7; Stadt Esch-sur-Alzette/Luxemburg: 21 M3; Stora Enso, Varkaus: 99 M6; Superbild - Your Photo Today, Taufkirchen: 71 M6 li. (Alaska Stock); Thomas Hilfen für Körperbehinderte GmbH & Co Medico KG, Bremervörde: 96 M1 m.re.; thomas mayer archive, Neuss: 61 M5; TopicMedia Service, Putzbrunn: 70 M1 li. (Albinger), 70 M1 m.; USIS, Bonn: 34 M1; Ventur, Köln: 114 M1 A; Verkehrsverbund Rhein Sieg GmbH, Köln: 117 M3; Wenzel, Christine, Witten: 19 M4 u.re.; Wettershop GmbH, Marburg: 81.1 Bild 2.

Der Band enthält Beiträge von Matthias Baumann, Kerstin Bräuer, Margit Colditz, Dieter Engelmann, Erik Elvenich, Helmut Fiedler, Roland Frenzel, Renate Frommelt-Beyer, Peter Gaffga, Anette Gerlach, Uwe Hofemeister, Silke Jennings, Peter Kirch, Peter Köhler, Norma Kreuzberger, Wolfgang Latz, Louise Lin, Jürgen Nebel, Friedrich Pauly, Hans-Joachim Pröchtel, Birgit Schreier, Elke Stock und Rita Tekülve.